인권으로 살펴본
기후 위기 이야기

인권으로 살펴본 기후위기 이야기

기획	글
인권연대	최우리
	조천호
	한재각
	김해동
	지현영
	김현우

철수와영희

기후 위기를 넘어서기 위해 꼭 가야 할 길

기후 위기는 중요한 인권 문제입니다. 기후 위기는 사람만의 문제가 아니라, 지구 위에서 함께 살아가는 모든 생명체의 생존이 걸린 문제이기도 합니다. 중요하며 모두의 문제이기도 하지만, 역설적으로 누구의 문제도 아닌 것처럼 여겨지기도 합니다. 크고 중요한 문제는 개인의 문제처럼 여겨지지 않는 이상한 인식 때문에 그렇습니다.

기후 위기를 인권 문제로 살펴보려는 관점은 대한민국 헌법 제35조 "모든 국민은 건강하고 쾌적한 환경에서 생활할 권리"를 가진다는 규정과도 관련이 깊습니다. 건강하고 쾌적한 환경에서 생활하는 것은 참정권만큼이나 당연한 권리이며 기후 위기 문제는 모두 인권 문제, 곧 사람들이 당연히 보장받아야 할 권리를 침해당하는 문제라는 차원에서 접근해야 합니다.

기후 위기는 인권 문제이며, 동시에 정치 문제, 또 경제 문제이기도 합니다. 기후 위기가 본격화하면서 생명권을 비롯해서 인권을 침해당하는 일이 세계 곳곳에서 벌어지고 있습니다. 2022년 8월 8일 서울 강남권 일대에 쏟아진 집중 호우 때문에 신림동 반지하에 사는 세 분이 목숨을 잃는 끔찍한 일도 있었습니다. 그러니 기후 위기를 단지 환경이나 생태 차원으로만 여기는 좁은 시각에서 벗어나, 중요한 정치 쟁점이며 시급하게 풀어야 할 경제 문제로도 봐야 합니다.

기후 위기라는 새로운 사태는 개인의 노력만으로는 극복할 수 없습니다. 사회적으로 또 국가적으로 함께해야 할 일을 챙겨야 합니다. 문제가 복잡하고 다양한 만큼 그 답도 꼼꼼하고도 치밀하게 찾아내야 합니다.

기후 위기는 사람들이 자초한 위험입니다. 이는 역설적으로 사람들이 힘과 지혜만 모을 수 있다면, 얼마든지 극복할 수 있다는 것을 알려줍니다.

이 책은 기후 위기를 넘어서기 위해 꼭 가야 할 길을 제시하고 있습니다. 어떻게 하면 우리의 힘과 지혜를 모을 수 있을지 알려 주고 있습니다. 오랫동안 기후 위기 극복을 위해 노력했던 국내 최고의 언론인, 연구자, 활동가와 법률가가 함께 모여 만들었습니다.

한국 언론사 최초로 만들어진 '기후변화팀' 팀장을 지낸 최우리 선생님, 국립기상과학원 초대 원장 조천호 선생님, 에너지 기후정책연구소 소장으로 일했던 한재각 선생님, 계명대학교 환경학부 교수로 일하는 기상학자 김해동 선생님, 환경과 관련한 일을 하는 변호사 지현영 선생님, 탈성장과 대안연구소 소장으로 일하는 김현우 선생님 등 여섯 분은 기후 위기와 관련한 연구와 실천 분야에서 눈부신 활동을 해온 분들입니다. 이런 분들을 한자리에 모시고 책을 낼 수 있게 되어 고맙고 또 반갑습니다.

기후 위기는 발등에 떨어진 불처럼 위험하고 다급하지만, 앞서 말씀드린 것처럼 우리가 노력하면 달라질 수 있습니다. 어떻게 해야 기후 위기를 극복할 수 있을지에 대한 고민을 담은 이 책이 보다 많은 사람, 특히 청소년들과 젊은이들을 만날 수 있었으면 좋겠습니다.

인권연대 오창익 드림

최우리

첫 번째 이야기

기후 위기 시대의 뉴스 읽기

최우리

〈한겨레〉 기자

서울에서 태어나고 자란 도시인.
스트레스를 받으면 다 그만두고 서울을 떠나고
싶지만 그래도 사람 곁에서 위로받고 위로를
줄 때 행복하다. 〈한겨레〉에서 환경, 생태,
동물, 기후 변화, 산업 분야 등을 취재하면서
인간과 자연이 조화롭게 공생하는 세계를
모색하고 있다. 2020년 한국 언론 최초로
스웨덴의 그레타 툰베리를 인터뷰했고
그해 올해의 기후변화언론인상을 수상했다.
〈한겨레〉 기후변화팀장으로 일하면서
동료들과 안종필자유언론상, 인권보도상,
이달의 기자상 등을 수상했다.

안녕하세요, 경제 산업 분야 기사를 쓰고 있는 최우리입니다. '경제 기자가 웬 환경?' 하고 생각하실 수도 있겠는데요. 요즘은 경제 산업 쪽에서도 기후 기사가 많이 나와요. 개인적으로는 기후 변화에 관심이 많아요. 기후변화팀장을 했고 관련 유튜브를 운영했습니다. 도시 양봉을 하면서 느꼈던 즐거움이나 환경에 대한 고민을 글로 엮어 『달콤한 나의 도시 양봉』이라는 에세이를 내기도 했습니다. 〈한겨레〉에도 '비도 오고 그래서'라는 칼럼을 쓰고 있습니다. 그렇다고 해서 제가 환경 전문가라고 생각하지는 않아요. 기후 위기와 환경 분야에 관심이 있는 기자로 생각해 주시기 바랍니다. 그럼 강의를 시작하도록 하겠습니다. 먼저 최근 2~3년간 기후 위기 관련해서 어떤 뉴스들이 있었는지 살펴보면서 이야기를 나눠 보도록 하죠.

청소년, 기후 운동의 주체가 되다

여러분, 기후 위기 하면 누가 떠오르나요? 많은 사람이 있겠지만 그레타 툰베리를 빼놓을 순 없을 거예요. 요즘 가장 핫한 사람이죠. 이분을 빼놓고는 기후 위기 이슈를 논할 수가 없어요.

아는 분들이 많겠지만 잠시 소개를 드리자면, 그레타 툰베리는 스웨덴의 기후 활동가예요. 2003년생이라 나이는 어리지만 세계적인 셀럽이에요. 인스타그램이나 트위터 같은 에스엔에스(SNS) 팔로워가 1500만 명 정도 하니까요. 오늘날 기후 환경 운동의 아이콘이라고 해도 무방합니다.

제가 툰베리로 이야기를 시작하는 건 그가 유명해서가 아닙니다. 툰베리의 등장이 상징하는 바가 있기 때문이에요. 오늘날 환경 운동은 툰베리 이전과 이후로 나뉘거든요. 이때부터 기후 운동의 주인공이 바뀝니다. 기성세대가 조직한 환경 단체가 아니라 청소년·청년이라는 미래 세대가 발언을 시작해요. 이들은 오늘날 벌어지고 있는 기후 환경 위기의 직접적인 이해 당사자입니다. 이들이 환경 운동의 새로운 동력이 되었으며 각종 뉴스를 생산하고 있다고 이해해 주시면 되겠습니다.

그레타 툰베리는 전 세계 청소년을 조직화합니다. 기후 위기 대처에 미온적인 기성세대를 비판하며 2018년 여름 1인 시위에 나서요. 이러한 사실이 에스엔에스를 통해 퍼지면서 뜻을 같이하는 청소년들이 동참해요. 그 유명한 '미래를 위한 금요일(Fridays for Future, FFF)' 운동의 시작입니다. 전 세계 청소년들이 금요일마다 학교에 가는 대신 시위에 나섭니다.

아시다시피 기후 뉴스는 국제 뉴스입니다. 전 세계가 직면한 문제이다 보니 취재도 글로벌해야 해요. 그런데 이때부터는 에스엔에스로 취재가 가능해져요. '말레이시아의 누구 좀 연락 가능한가요?' 하고 디엠(DM, 개별 메시지)을 보내면 바로 연락이 와요. 서로 핫라인으로 연결되어 있더라고요. 이전에는 볼 수 없는 모습이죠. 그래서 저희는 기사를 쓰면서 이들을 '기후 세대'로 이름 붙였어요. 실제로 덴마크, 러시아, 우간다, 나이지리아, 캐나다, 미국 등 소위 선진국, 개도국 할 것 없이 전 세계 청소년들이 직접적으로 발언하고 있습니다.

<해바라기>, 빈센트 반 고흐, 1888년, 런던 내셔널 갤러리. 오른쪽은 2022년 환경 운동가들이 기후 위기의 심각성을 알리기 위해 뿌린 토마토 수프를 뒤집어쓴 그림 모습. 그들은 예술 작품을 보호하는 것만큼이나 지구 환경에 관심을 가져달라고 주장했다. 그림의 표면이 유리판으로 씌워져 있어 손상되지는 않았다.

"오늘날 환경 운동은 툰베리 이전과 이후로 나뉘거든요.
이때부터 기후 운동의 주인공이 바뀝니다. 기성세대가
조직한 환경 단체가 아니라 청소년·청년이라는
미래 세대가 발언을 시작해요."

불편한 진실

우리가 기후 문제에 관심을 두게 된 게 사실 몇십 년밖에 안 돼요. 미국의 〈타임〉지는 해마다 '올해의 인물'을 선정해서 이듬해 1월 표지로 수록해요. 그런데 1988년 올해의 인물은 사람이 아닌 '지구'였습니다. 지구가 위기에 처했다는 메시지를 담은 거예요. 이때부터 환경 문제, 기후 위기 등에 관한 기사가 언론에 주요하게 등장하게 됩니다.

〈타임〉이 올해의 인물을 뽑던 해에 굵직굵직한 국제 뉴스가 많았어요. 그런데도 '지구'를 선정했다는 건 그만큼 환경 문제가 심각했다는 이야기입니다. 이후 1988년에 '기후 변화에 관한 정부 간 협의체(IPCC)'가 생겼어요. 전 세계 과학자들이 참여했습니다. 1992년 6월에는 '기후 변화에 관한 유엔 기본 협약'이 채택되고 그러면서 기후 위기 대응 논의가 본격화됩니다. 브라질 리우데자네이루에서 열렸기에 '리우 회의'라고도 하죠. 이 협약은 1997년 교토 의정서로 강화됩니다.

저도 취재를 하기 전까지는 정확하게 이 역사를 몰랐어요. 교과서에서 한 줄 배운 기억 정도가 있었죠. 그리고 그저 온실가스를 줄이는 정도로만 알고 있었지요. 중요한 건 교토 의정서를 시작으로

'선진국부터 솔선수범하자'라는 공감대가 이루어져요. 환경 문제와 관련된 일종의 인식 전환이 일어난 것이었습니다.

그다음으로 사람들의 관심을 끈 뉴스는 〈불편한 진실〉이라는 영화였습니다. 2006년 미국에서 개봉한 다큐멘터리인데 미국 부통령이었던 엘 고어가 지구 온난화와 관련해 강연했던 내용을 다루고 있어요. 그 덕에 엘 고어는 2007년 노벨평화상을 받습니다. 전 세계적으로 다시 한번 기후 위기 문제가 주목받는 계기가 되었죠. 이런 분위기 속에서 덴마크 코펜하겐에서 2009년 15차 유엔 기후 변화 협약 당사국 총회(COP 15)가 열려서 기대가 컸는데요. 당시 '지구를 구할 마지막 기회'라고들 했지만 이 회의에서 합의에 다다르지 못했죠.

그다음으로 중요한 뉴스가 2015년 파리 협정입니다. 유엔 기후 변화 회의에서 채택된 내용이에요. 여기에서 처음 등장한 개념이 '신기후 체제'인데요. 말 그대로 새로운 전환이 이때 제시돼요. 모든 회원국이 기후 변화를 일으키는 온실가스 감축을 위해 노력하기로 합니다. 중요한 건 산업화 시점 기준으로 지구 평균 온도가 2도 이상 오르지 않게 하자고 명문화한 거예요. 전 세계가 여기에 동참한다고 해서 '신기후 체제'의 등장으로 불립니다. 국제적 환경 위기 대응에 분기점이 되죠.

이어서 2018년에 또 한 번 빅뉴스가 나옵니다. 이전 목표인 2도를 1.5도로 수정해요. 당시 IPCC 회의가 우리나라 송도에서 열렸기에 조금 더 특별하게 다가옵니다. 그런데 이 중요한 뉴스를 기자였던 저도 몰랐어요. 당시 법조팀에 있기도 했지만 다른 언론사에서도 비중 있게 다루지 않았습니다. 그때 한국의 환경 뉴스 단골은 '미세 먼지'였어요.

건강에 직접적인 영향이 있다 보니 사람들도 관심이 많았습니다. 그래서 지면에는 항상 '미세 먼지를 어떻게 줄일까?' 하는 이야기들이 많았지요. 온실가스 감축이나 지구 온난화, 기후 변화와 관련된 뉴스는 메인이 아니었어요. 그러다가 툰베리가 등장한 거예요. 이때부터 양상이 바뀌지요. 우리나라 신문에도 기후 변화 뉴스가 주류가 됩니다.

2019년 말 한국 청소년들이 헌법 소원을 냈습니다. '헌법 소원'이라는 건 국가를 대상으로 하는 거예요. 공권력으로 기본권이 침해되었다고 여겨질 때 헌법재판소에 구제를 신청합니다. 정부가 기후 위기에 대책을 제대로 내놓지 않아 미래 세대인 자신들의 권리를 침해받았다고 소송을 제기한 거예요.

〈한겨레〉도 이 사건을 계기로 2020년 초 편집국에 '기후변화팀'을 만듭니다. 그러면서 한국 사회에서 기후 뉴스가 1면을 장식하는 일이 생기죠. 시민들도 이제는 기후 변화를 매우 중대한 사건으로 인식해요.

여러분, 기후 변화 뉴스 중에서 사람들이 가장 잘 받아들이는, 즉 수용성이 높은 것은 무엇일까요? 바로 플라스틱 쓰레기 뉴스입니다. '쓰레기 문제'는 독자 입장에서도 효능감이 높아요. 실제로 이 문제와 관련해서 상당한 인식 전환이 이루어졌어요. 쓰레기를 줄이자는데 반대하는 사람이 거의 없습니다.

두 번째는 에너지 관련 뉴스입니다. '환경' 하면 보통은 생태, 자연을 떠올리는데, 사실 기후 뉴스에서는 에너지 분야가 큰 비중을 차지합니다. 그만큼 화제도 다양해요. 예컨대 온실가스 배출량이 여전히 어마어마하잖아요. 이걸 어떻게 청정에너지로 대체할 것인가 하는 뉴스가 자주 등장합니다. 에너지 전환에서 기존 일자리를 어떻게 보존하면서 해나갈 것인가 하는 문제도 다룰 수 있고요. 건축을 다룰 때도 에너지 효율 관점에서 씁니다. 실제로 건축주나 건축가분들도 이를 염두에 두고 설계해요. 환경 감수성이 뛰어난 분들이 많습니다. 전기 관련한 뉴스도 그렇죠. 화력 발전소로 전기를 만드는 데에 따르는 환경 오염과 이를 대체할 방법 등을 다룹니다. 전기 요금을 더 올리거나 내려야 하는 이유도 이와 연관이 있지요. 전기·수소 차도 에너지 관련 뉴스라고 할 수 있습니다.

정책적인 문제도 다룰 수 있습니다. 수입에 의존하는 화석 연료에 세금을 어떻게 물릴 것인가, 어떻게 소비를 줄이고 감축을 유도할 것인가, 하는 문제가 있어요. 또 새롭게 대단위 건설을 할 때, 예를 들어 가덕도 신공항을 건설한다 했을 때 환경 파괴나 경제적 이점, 탄소 배출량 등을 따져 보아야겠죠. 여행도 환경적 측면에서 접근할 수 있습니다. 해외여행 갈 때 비행기를 타잖아요. 이러한 교통수단에는 많은 양의 화석 연료가 투입됩니다. 온실가스 발생을 최소화하는 방안에 대한 이야기가 나올 수 있지요.

이처럼 기후 뉴스의 범위는 매우 넓습니다. 지금도 확장해 가고 있고요. 요즘은 이런 뉴스를 '환경 뉴스'의 틀로 보지 않습니다. 경제와 산업, 국제 뉴스의 성격이 강하기 때문입니다. 그래서 기후 뉴스를 작성할 때는 외신을 참고해요. 기후 위기는 이제 한국만의 문제가 아닙니다. 각국 정부와 세계 시민의 역할이 중요해지고 있어요. 그럼 우리는 어떤 노력을 하고 있는지 한번 살펴보겠습니다.

기후 뉴스 바로 읽기

저는 개인적으로 환경과 경제, 서로 절대 닿을 수 없어 보이는 이 두 가지 주제에 관심이 있어요. 그리고 양쪽을 모두 고려하지 않는다면 현실적으로 지속 가능하지 않다고 생각하는 편이기도 하고요. 대기 중 이산화탄소를 줄여야 지구 온난화를 막을 수 있다는 건 이제 다 아실 텐데요. 현 상황에서 얼마까지 줄여야 할까요? 답은 '0'입니다. 이미 임계점을 넘어섰어요. 지구가 자연적으로 흡수해 그 양을 줄일 수 있는 상태가 아니에요. 그게 우리의 현실입니다. 산업 혁명이 본격화되면서 이산화탄소를 너무 많이 배출했어요. 게다가 대기 중에 오래 머물러요. 최대 200년 가까이 남아 있습니다. 지구의 대기가 이미 탄소로 꾹꾹 차 있기 때문에, 늦었지만 지금이라도 배출하지 말아야 한다는 게 과학자들의 경고입니다. 그러지 않는다고 인류가 망하는 건 아니지만 다시 과거로 돌아가기 힘들다는 거죠.

그래서 '탄소 중립'을 해야 합니다. 탄소 중립이란 이산화탄소 배출량을 줄이고 흡수량을 늘려 '0'의 상태로 만들자는 겁니다. 그러려면 탄소를 배출하는 인간 활동을 최대한 줄여야 합니다. 어떻게든 더 이상 이산화탄소 배출은 안 된다는 게 지금 기후 뉴스의 대전제예요.

아시다시피 산림이나 바다에서 이산화탄소를 흡수합니다. 하지만 이미 그 수준을 넘어섰죠. 그래서 인위적으로 탄소를 흡수하는 기술을 사용합니다. 이를 '탄소 포집 · 저장 기술(carbon capture and storage, CCS)'라고 하는데 이런 식으로 줄여서라도 증가량을 제로로 만들자는 거예요. 이와 비슷하지만 다른 개념으로 '넷 제로(net zero)'가 있는데요, 이건 이산화탄소를 포함해서 메탄, 이산화질소, 수소불화탄소, 과불화탄소, 육불화황 등 6대 온실가스 전체의 순배출을 제로화하는 활동을 의미합니다. 산림이나 바다 등 자연에서 흡수하거나 과학 기술로 탄소를 없애지 않고 배출 자체를 하지 않는 상태죠. 넷 제로는 탄소 중립보다 달성하기 어려운 단계로 '기후 중립'이라고도 합니다.

여러분, 기후 뉴스는 경제·산업과 국제 뉴스와 깊이 관련되어 있어요. 그래서 기후 뉴스의 맥락을 이해하려면 폭넓은 시각이 필요합니다. 쉬운 일은 아니에요. 기자인 저도 기후 변화팀이나 산업팀에 있으면서도 정말 어렵다고 느낀 적이 많아요. 환경 문제는 입체적이고 다양한 사회 문제를 고려해서 답을 찾아갈 수밖에 없기 때문에 공부하고 알면 알수록 그래요.

다른 사람들을 설득할 때도 마찬가지입니다. 기자는 뉴스 가치를 판단해야 하잖아요. 제가 기후 변화 뉴스를 가져와서 설명하려고 해도 각자 맡은 분야가 다른 기자들을 설득하기란 쉽지 않아요. 기본적인 정보 값이 서로 다르기에 그렇습니다. 같은 기자들도 설득이 안 되는데 독자들과는 어떻겠어요. 그런 생각을 하다 보니 공부를 멈출 수가 없습니다. 특히 제가 가장 답답했던 건 기후 변화 이슈를 '환경 문제'의 틀 안에 두려 한다는 거예요. 저는 항상 기후 변화는 경제·국제 뉴스라고 말합니다. 물론 지금은 조금씩 상황이 나아지고 있어요. 그만큼 인식이 바뀌고 있다는 거죠.

여러분 혹시 지난 대선 토론회를 기억하시나요? 그때 후보 간에 'RE100(Renewable Electricity 100)'과 유럽 연합(EU)의 '녹색 분류 체계 (Green Taxnomy, 그린 택소노미)'라는 생경한 용어가 나왔어요. 사실 이런 개념은 이미 국제 사회에서 매우 중요하게 다뤄지고 있는데요, 우리나라는 그렇지 못했어요. 그러다 많은 사람이 시청하는 토론회에 나오면서 주목을 받았어요. 사실 토론은 지루했습니다. 저는 개인적으로 충격을 받았어요. 어떻게 한 나라의 정책을 총괄하겠다는 분이, 에너지나 경제 산업 정책을 주요하게 다루는 정당의 후보로 나온 분이 저렇게 중요한 개념을 모르고 있을 수 있지? 하는 생각이 들었거든요. 시민들은 몰라도 대통령 후보니까 알았으면 좋았을 것 같다는 생각을 떨칠 수가 없었습니다.

일단 'RE100'은 재생 에너지로 생산한 전력을 100% 사용하겠다는 기업들의 캠페인입니다. 이를 주도하는 단체가 있어요. 영국의 비영리 단체인 더클라이밋그룹(The Climate Group)은 기업들의 참여를 독려해 지금은 350개 이상 기업이 함께하고 있습니다. 참여하고 있는 기업들은 애플, 구글, 3M 같은 세계적인 기업들이에요. 우리나라 대기업도 참여를 타진하고 있습니다. 한국에서는 2022년 8월 현재 19개 기업이 가입했고 그중 제조업체는 9개입니다. 그래서 지금 기자들 사이에서는 우리나라 삼성전자가 어떤 결정을 내릴지가 관심사예요. 취재해 보면, 준비는 마친 상태 같아요. 다만, 언제까지 목표량을 달성할지 그 시기를 조율 중인 듯해요. 이런 게 사실 경제 산업 분야의 빅뉴스입니다. (강연이 있은 후 2022년 9월 16일 삼성전자는 RE100 가입을 골자로 하는 '신환경 경영 전략'을 발표합니다.)

그런데 여러분, 재생 에너지로 만든 전기 100%를 이용한다는 게 무슨 뜻일까요? 이건 자체 생산하든 수입하든 전력 사용량을 재생 에너지로만 그 수치를 맞추겠다는 거예요. 그러니까 한국은 재생 에너지 비중이 워낙 낮아서 사실은 다 돈 주고 사 와야 합니다. 에너지 생산 구조 자체를 바꾸어야 하는 상황이거든요. 현실이 그렇다 보니 우리나라 대기업들이 망설일 수밖에 없어요. 아무튼 갈 길이 멉니다. 그럼 안 하면 되지 않느냐고 말할 수도 있어요. 하지만 우리나라 글로벌 대기업들이 괜히 눈치를 보는 게 아닙니다.

전 세계적으로 재생 에너지를 사용하지 않고 지금껏 하던 대로 화석 연료를 사용해서 제품을 만들면 앞으로 장사하기가 힘들어져요. 이런 제품에 페널티를 주는 흐름이 생겼으니까요. 기후 위기 이슈를 선도하는 곳이 산업이 발달한 국가들이다 보니 눈치를 안 볼 수가 없습니다. 일례로 유럽 연합이 '탄소 국경 조정 제도(Carbon Border Adjustment Mechanism, CBAM)'를 신설했습니다. 2026년부터 시행될 예정인데요. 간단히 말해서, 온실가스를 많이 배출하면서 생산한 제품을 유럽 연합 소속 국가에 수출하려면 돈을 더 내라는 거예요. 기후 변화 억제 정책이 일종의 관세처럼 작동하는 겁니다. 거대한 유럽 시장을 놓칠 수 없는 기업 입장에서는 고민할 수밖에 없는 상황이죠. 그래서 'RE100'이 뉴스가 되는 거예요.

유럽 연합의 태도는 매우 완강합니다. 한 2~3년 동안은 이 탄소 국경 조정 제도 얘기가 계속 나올 거예요. 일단 지금까지 나온 상황을 정리하면 철강, 시멘트, 알루미늄, 비료, 전력 산업에서 온실가스 배출량을 측정하고, 여기에 관세를 부과할 예정입니다.

특히 지금 우리나라가 유럽에 수출하는 시멘트, 알루미늄, 비료, 철강 관련 업체는 비상 상태예요. 발등에 불이 떨어진 거죠. 더 무서운 것은 생산뿐만 아니라 수송 과정도 일일이 체크하겠다는 겁니다. 제품을 생산할 때 원재료가 있잖아요. 이걸 보통 중소기업에서 만들 텐데 이들 업체에서 생산하는 탄소 배출량까지 포함한답니다. 납품, 수송 등 공급망 전체를 포괄하겠다는 거예요. 그러니까 하청을 주는 대기업만 온실가스를 배출 안 해서는 소용이 없어요.

거래처에 적극적으로 배출을 줄일 방법을 찾아 줘야 합니다. 그러니까 애플이나 구글 같은 큰 기업이 참여했다는 건 이들과 거래하는 우리 기업도 RE100 기준에 맞춰야 한다는 이야기입니다. 그쪽에서 탄소 배출 기준에 못 미친다는 이유로 우리 기업과 거래를 끊을 수도 있으니까요.

탄소 배출과 관련해서는 각국이 이미 탄소세를 물리고 있지요. 탄소를 배출할 수 있는 권한인 배출권을 돈을 주고 사고파는 제도도 있고요. 그럼에도 RE100이 중요한 이유는 그만큼 강력한 규제이기 때문입니다. 세계 주요 무역국인 중국과 미국도 추가로 부담할 금액을 상당히 부담스러워하고 있어요.

제가 관련 기사를 쓰려고 우리나라에 주방용품 생산 기업 한 군데를 취재한 적이 있습니다. 매출이 수천억 원 규모인데 그중 절반 이상을 수출에 의존하고 있었어요. 주로 유럽이나 호주로 수출을 한다고 하더라고요. 그런데 요즘 거래선이 끊어지고 경쟁력이 약화된다고 하더라고요. 이유를 물었더니 "플라스틱 제품이라서 그래요." 하는 대답이 돌아옵니다. 요즘 유럽 소비자들은 재생 플라스틱으로 만든 '플라스틱 프리' 제품을 선호해요. 이런 제품만 전문적으로 전시하고 판매하는 매장이 늘고 있어요. 유럽 바이어들이 재생 플라스틱 제품을 원합니다. 사정이 이렇다 보니 전통적인 플라스틱 제품은 판매가 줄어들 수밖에 없죠. 그런데 아직 우리나라에서 재생 플라스틱을 생산하는 곳이 거의 없어요. 총 플라스틱 원료 생산 중 재생 플라스틱 비율이 1%가 안 돼요, 그러니까 우리나라는 아직 이런 흐름에 대한 대비가 안 된 거예요.

2024~2025년쯤 우리나라 대기업에서 울산 석유 화학 단지에 재생 플라스틱 생산 시설을 만들 예정이기는 합니다. 그럼 그때까지 재생 플라스틱 원료를 공급 못 받는다는 뜻이잖아요. 그래서 그 기업 사장님께 계획을 물었더니 중국에서 사 와야 할 형편이라고 하더라고요. 제품 팔아서 번 돈 상당 부분을 중국 기업이 가져가는 셈이죠. 그러니까, 재생 에너지 사용이나 자원 순환 같은 문제도 기후 변화와 관련이 깊은 거예요. 앞으로 이런 뉴스는 계속 나올 수밖에 없습니다. 미국이나 유럽 같은 큰 시장이 계속해서 기후 관련 규제를 만들고 있기 때문이에요.

기후 위기와 인권

앞서 우리나라 청소년들이 헌법재판소에 헌법 소원을 냈다는 말씀을 드렸습니다. 이는 전 세계적인 현상입니다. 그레타 툰베리 이후 이어진 청소년 행동의 일환이었고요. 미국도 이러한 소송이 1000건 이상 접수되었고 유럽에서는 폭염이나 산불 피해처럼 기후 이상으로 피해를 본 당사자들이 정부를 상대로 소송을 했어요. 그러자 각국 정부들도 태도를 바꾸고 있습니다. 더 이상 손 놓고 있을 수 없게 된 거예요. 온실가스 감축 목표도 내놓고 탄소 중립 로드맵도 만듭니다. 우리나라는 물론 전 세계가 그런 흐름으로 가고 있어요. 생산자 측인 기업도 예외는 아닙니다. 이제는 시민들이 기업을 상대로 직접 압박을 가하기 시작해요. 속도는 느리지만 기업들도 생존을 위해 변화하지 않으면 안 되는 시대가 되어 가고 있어요.

2022년 5월 필리핀 인권위원회에서 '기후 변화에 관한 국가 조사 보고서'를 공개했는데요. 6년 전 환경 단체인 그린피스가 제기한 문제 제기에 대한 결론이었어요. 요점은 이렇습니다. 2013년 초강력 태풍 하이옌으로 필리핀에서만 약 8000명이 사망하는 사건이 발생했습니다. 이를 자연재해가 아닌 지구 온난화의 결과로 판단한 그린피스에서 세계 최대 광산 기업인 오스트레일리아 비에이치피 빌리톤(BHP Billiton)과 석유 기업인 영국의 비피(BP), 네덜란드 로열더치셸, 미국 엑손모빌과 셰브런 등 총 47개 기업을 상대로 책임을 물어야 한다며 2016년 필리핀 인권위원회에 진정을 넣어요.

<폭풍우 치는 바다>, 귀스타브 쿠르베, 1870년대.

"2013년 초강력 태풍 하이옌으로 필리핀에서만
약 8000명이 사망하는 사건이 발생했습니다.
그린피스에서 이를 자연재해가 아닌 지구 온난화의
결과로 판단했습니다."

정부가 기후 위기를 막아 주기만을 기다리는 대신 온실가스 생산의 주범인 기업에게 직접 배상을 요구한 거예요.

인권위에서는 6년 동안 공청회 등을 열어 논의한 끝에 보고서를 작성했습니다. 결론은 유죄예요. 화석 연료 기업이 1970년대부터 이미 알려진 지구 온난화의 원인을 인지하고도 계속해서 원유를 생산해서 팔면서 이득을 봤다는 거예요. 물론 이 결정은 법적 효력이 없어요. 소송은 아닙니다. 다만, 이러한 기업의 행태가 인권을 침해했다고 결론 내린 것은 매우 큰 의미가 있어요. 우리나라 인권위에도 비슷한 진정이 접수된 적 있어요. 그리고 2022년 12월 30일 정부에 기후 위기는 생명권과 식량권 등 인권에 직간접적으로 광범위한 영향을 미치기 때문에 정부가 기후 위기 상황에서 모든 사람의 인권을 보호하고 증진하는 것을 국가의 기본 의무로 인식해야 한다는 의견을 표명했다고 밝혔습니다.

제가 2021년도에 영국 글래스고에서 열린 유엔 기후 변화 협약 당사국 총회를 취재하기 위해 2주 동안 그곳에 머문 적이 있습니다. 뉴스 기사를 작성하다 보니 기후 위기가 정책이나 토론 주제쯤으로 여겨지기도 합니다. 좀 더 우리 피부에 와 닿는 기사를 쓸 수는 없을까 하는 고민을 하게 되는 지점이기도 합니다.

우리는 지금 심각한 위기 상황에 처해 있습니다. 세계기상기구에서 내놓는 통계를 보더라도 역사상 가장 더웠던 해가 2010년대에 몰려 있어요. 2020년에는 장마 때 비가 무척 많이 왔습니다. 중부 지방만 해도 장장 54일 동안 장마가 이어졌어요. 보통 때보다 세 배나 길었죠. 사람들이 놀랐죠. 기후 위기가 심상치 않음을 실감합니다. 한반도 기후가 아열대로 변하고 있다는 뉴스가 심심찮게 나오고 있어요. 다른 나라 사정도 심각하기는 마찬가지입니다.

저는 2015년에 취재를 위해 인도를 간 적이 있습니다. 그때는 기후 위기 뉴스에 지금처럼 관심이 많지 않았을 때였어요. 인도는 기후 위기의 직격탄을 맞는 나라 중 하나예요. 기후 변화로 점점 식수가 사라져 가고 있어요. 제가 간 곳은 인도 남부 지역의 한 가정집이었는데요. 아이 엄마가 살림을 도맡아 하는데 물 길러 가기 힘드니까 여덟 살인 큰딸에게 심부름을 시켜요. 그래서 이 아이는 학교에 못 가고 혼자 커다란 물통을 들고 물을 길러 갑니다. 학령기 아이들에게는 교육받을 권리가 있어요. 하지만 어쩔 수가 없습니다. 기후 위기가 인권 침해로 이어지는 순간이지요.

6년 뒤에 제가 여성의 날 기념으로 칼럼을 쓰다가 이 친구가 잘 지내는지 너무 궁금해서 물어봤어요. 다행히 잘 지낸다면서 사진을 보내 주더군요. 많이 컸더라고요. 하지만 그곳 활동가분의 말을 들어보니 물 부족은 여전한 듯했습니다. 기후 위기가 저개발 국가 사람들의 인권을 위협하고 있다는 걸 실감했습니다.

　기후 위기가 새로운 산업 패러다임을 요구하는 가운데 일자리가 위협받고 있는 사례도 있습니다. 충청남도 보령에 있던 석탄 화력 발전소가 폐쇄되었는데요. 여기서 근무하던 분을 인터뷰한 적이 있습니다. 이제 갈 곳이 없다는 얘기를 하더군요. 제가 혹시 재생 에너지 발전소나 천연가스 발전소로 가실 수 있느냐고 물었더니 일단 재교육을 거쳐야 하고 급여 수준도 걸리는 데다가 주거지를 옮겨야 하는 부담도 있다고 하더군요. 오랫동안 해왔던 일을 그만두면서 삶이 흔들리고 있다는 느낌을 받았습니다. 많은 분이 이와 같은 고용 불안에 시달리고 있습니다. 이는 기성세대만의 문제가 아니에요.

　자동차고등학교의 학생들과 선생님들을 만나서 취재를 한 적이 있어요. 지금 전 세계적으로 자동차 내연 기관을 없애고 전기나 수소 차로 가는 흐름이잖아요. 그래서 앞으로 관련 기술을 제대로 배우고 있는지 궁금했습니다. 그런데 이걸 가르칠 수 있는 사람이 별로 없대요. 2년 전 이야기지만, 당시 학생들에게 물어보니 유튜브를 본다고 했습니다.

　대학도 사정이 크게 다르지 않은 듯했습니다. 교육 현장에서 대응이 잘 안 되고 있는 거예요. 교육과 산업 현장의 괴리가 어제오늘

<아르장퇴유의 겨울 풍경>, 클로드 모네, 1875년.

"폭염과 한파 등 기후 변화에 직접적으로 영향을 받는
분들도 많습니다. (…) 전반적으로 한반도 기온이 올라가면서
이 지역 겨울철 1~2월 평균 기온이 영상 5도 정도가 됩니다."

문제는 아닙니다. 다만 제가 이런 사례들을 취재했던 이유는 기후 위기가 미래에 대한 불안감을 가속화하는 이슈라고 생각했기 때문이에요. 또 인권 침해의 원인이 될 수 있다는 문제의식에서 취재에 나섰던 거예요.

폭염과 한파 등 기후 변화에 직접적으로 영향을 받는 분들도 많습니다. 특히 야외에서 일하시는 분들은 직접 체감하실 거예요. 제가 경상남도 양산에 있는 스키장에서 식당을 하시는 분을 만난 적이 있습니다. 전반적으로 한반도 기온이 올라가면서 이 지역 겨울철 1~2월 평균 기온이 영상 5도 정도가 됩니다. 이런 조건에서 스키장을 하려면 인공 눈을 만들어야 해요. 제빙기를 돌려야 하는데 문제는 코로나19 사태 이후로 찾는 사람들이 확 줄었다는 거예요. 스키장이 폐장 직전까지 가면서 생계를 위협받고 있는 상황이었습니다. 이분 말씀이 "하늘 보고 장사하는 건 이제 안 하고 싶다"고 하시더군요.

기후 변화가 대기업뿐만 아니라 소상공인이나 지역 자영업자에게도 직접적인 영향을 미치고 있었습니다. 이는 기후 위기가 인권, 불평등의 문제와 이어지고 있음을 알려줍니다. 보건사회연구원이 2020년 8월 전국 19세 이상 성인을 대상으로 한 '폭염 민감 계층 실태 조사'에서 지금 생활 공간의 온도가 적정한지, 에어컨 사용이

가능한지 여부 등을 물었는데요. 더위 때문에 저소득층이 일반집단에 비해 큰 고통을 받고 있었어요. 더위를 견디기 힘들지만 전기료 탓에 에어컨 사용을 주저할 수밖에 없고, 더위도 그냥 참고 지낼 수밖에 없는 현실이었습니다.

제가 기후 변화와 인권 문제를 취재하면서 가장 인상적이었던 건 저소득층 주민들의 태도였어요. 취재 전에는 쪽방촌처럼 열악한 주거 환경에 사시는 분들은 폭염과 한파 같은 이상 기후에 화가 나 있을 거로 생각했습니다. 그런데 예상과 달리 체념하신 상태였어요. 자신들의 삶은 늘 그랬다면서 그저 에너지 바우처 같은 지원이나 늘려 줬으면 좋겠다고 해요. 기자로서 당사자 목소리를 존중해야 했지만 별다른 문제 제기가 없으니 당황스러웠습니다.

저희가 다른 식으로 설문 조사를 했는데, 기후 변화 문제를 심각하다고 인식하는 사람이 일반 가정은 90%가 넘는데, 저소득층은 60%예요. 피해는 저소득층이 더 보는데 문제의식은 그렇지 않은 사람들이 더 높은 거죠. 이는 기후 위기에 관해 당사자가 직접 발언할 수 있는 구조가 아니라는 뜻입니다. 환경 문제에 있어서 도시 중산층 그리고 교육 수준이 높은 40~50대가 가장 많은 발언을 하고, 친환경 인식도 높다는 연구가 있어요. 복지 전문가들도 기후 위기가 저소득층에게 더 치명적일 거라고 입을 모읍니다. 지금처럼 방관하다가는 심각한 상황이 올 수 있다고 이야기하고 있어요. 스스로 문제 제기할 수 없다면 누군가는 나서서 이야기해 주어야 합니다.

그런 의미에서 보자면 또 다른 이해 당사자인 청소년들의 참여는 고무적이에요. 제가 기후 위기 소송을 진행 중인 포르투갈 청소년 남매를 이메일로 인터뷰한 적이 있습니다. 숲속에 살던 친구들이었는데 산불로 주변 사람들이 죽어가는 걸 보면서 기후 위기가 자기 삶을 심각하게 위협하고 있다는 생각을 하게 돼요. 안드레와 소피아라는 친구인데 현재 파리 기후 변화 협약에 참여한 유럽 33개국을 상대로 소송을 진행 중입니다. 일단, 유럽 인권법원으로부터 원고 자격을 인정받았어요. 정식으로 소송이 진행된다는 뜻이지요.

이처럼 기후 위기는 국가와 기업은 물론 우리 개개인의 삶에 심각한 영향을 끼치고 있습니다. 관련 뉴스도 많이 생산되고 있고요. 기후 위기 뉴스는 최근 3년 동안 빠르게 변했고 양적으로도 엄청나게 많아졌습니다. 그러면서 많은 논쟁거리를 던졌어요. 이러한 뉴스들은 특히 경제 산업 분야와 국제 정치 분야에서 특히 비중 있게 다루어지고 있어요. 그래서 우리가 이런 뉴스를 볼 때 기후 위기 대응이라는 맥락을 알면 더 잘 파악하실 수 있지 않나 싶습니다.

오늘날 기후 위기는 전 세계적으로 가장 뜨거운 이슈입니다. 기

후 정책이 선진국의 정치를 움직이고 거대 기업의 생존을 좌우합
니다. 우리 삶에 직접적인 위협을 가하면서 인권 침해와 불평등이
라는 숙제를 안겨 주고 있어요. 모두가 뜻을 함께하면서 현명한 답
을 구할 수 있기를 기대합니다.

조천호

두 번째 이야기

거대한 가속에서 담대한 전환으로

조천호

경희사이버대학교 특임교수

30년간 국립기상과학원에서 일하며 세계 날씨를
예측하는 수치 모형과 지구 탄소를 추적하는 시스템을
우리나라에 처음 구축했으며 원장으로 퇴임했다.
현재는 경희사이버대학교 미래인간과학스쿨
특임교수를 맡고 있으며 기후 변화 과학이
우리가 살고 싶은 세상과 어떻게 연결되는지
공부하고 있다. '변화를 꿈꾸는 과학 기술인 네트워크
(ESC)'에서 활동하고 있다.

안녕하세요, 조천호입니다. 우리는 지난 수십 년 동안 정말 '거대한 가속'으로 빠르게 성장했습니다. 그러다 오늘날의 지구 위기, 기후위기와 맞닥뜨렸습니다. 이건 우리가 의도적으로 일으킨 위험이 아닙니다. 거대한 가속으로 성장하는 자체에 뭔가 문제가 있는 거예요. 즉 이대로 내달리게 되면 인류는 종말을 맞을 수밖에 없어요. 지금 세상을 조금 고치거나 보완해서는 해결할 수 없습니다. 우리가 한 번도 경험하지 않은 세상을 꿈꾸고 만들어야 하는 '담대한 전환'만이 오늘날 위기를 벗어날 수 있습니다.

전환

2019년 10월 영국 런던의 캐닝타운 역에서 기후 활동가들이 시위를 했습니다. 사람들이 몰리는 출근 시간이었어요. 활동가들이 열차 위에 올라가서 현수막을 펼쳤는데요. "Business as usual = Death" 우리말로 "지금 이대로는 죽음"이라는 섬뜩한 구호가 적혀 있었죠.

열차가 출발하지 못하자 모여 있던 시민들이 분통을 터뜨립니다. 이날 런던의 출근 열차가 줄줄이 멈춰요. 나중에 경찰에 의해서 활동가들이 끌려 내려오죠. 열차를 멈춘 사람들은 미래를 걱정하지만, 오늘의 삶을 걱정해야 하는 사람들은 어떻게든 이 열차에 타야 합니다. 미래와 현재의 가치가 충돌하는 현장이었습니다. 인간 역사는 미래 가치와 현재 가치의 끊임없이 충돌이기는 합니다. 그러면 앞으로 역사는 어떤 방향으로 향하게 될까요?

1962년도 한국으로 가 보겠습니다. 그해 2월 3일 울산 공업센터 기공식이 열렸습니다. 당시 '국가 재건 최고 회의' 의장이던 박정희가 읽은 치사문이 지금 울산 시내 한복판에 있는 '공업탑'에 그대로 새겨져 있습니다. 내용을 일부 읽어 볼까요?

"(…) 공업 생산의 검은 연기가 대기 속에 뻗어 나가는 그날엔 국가 민족의 희망과 발전이 눈앞에 도래하였음을 알 수 있는 것입니다."

이제 우리도 공장을 세웠으니 앞으로 잘살게 되었구나, 민족이 중흥하게 되었구나, 가슴이 벅차올랐다는 거예요. 당시 사람들은 그랬습니다. 그런데 오늘날 똑같은 일이 우리 동네에 일어났다고 가정해 보세요. 공장 굴뚝에서 시커먼 연기가 나와요. 그 연기는 나와 가족들의 폐로 들어가겠죠. 사람들은 참을 수 없는 분노를 느낄 것이고, 공장 문을 닫게 하려고 최선을 다하겠죠.

똑같은 현상인데 1962년도에는 가슴이 벅차오르고 지금은 분노를 느낍니다. 공장 굴뚝의 검은 연기를 바라보는 태도가 60년 전과 완전히 달라진 거예요.

오늘날 우리가 누리는 문명은 화석 연료를 빼놓고는 상상조차도 못 합니다. 화석 연료는 지난 수십 년간 '경제 성장'의 바탕이 되었어요. 지금 윤택한 삶을 가져왔으니 고마운 존재일 수밖에 없죠. 그런데 이제 화석 연료를 태우는 일은 비도덕적이고 비윤리적인 일이 되었습니다. 그렇다면 왜 이렇게 상황이 급변했을까요?

기후

기후는 날씨와 다릅니다. 날씨는 그날그날 다르지만 기후는 지역마다 일정하죠. 사람으로 치면 날씨는 기분, 기후는 성품에 해당합니다. 날씨는 변하는 게 정상입니다.

우리도 슬플 때 있고, 화가 날 때 있고, 기쁠 때가 있죠. 상황에 따라서 왔다 갔다 하잖아요. 기분에 변화가 없다면 굉장히 이상한 사람이죠. 지금 날씨가 안 바뀌어서 문제가 생기고 있어요. 비가 하루 정도 내리면 단비라고 좋아할 수도 있지만, 일주일 내내 내리면 어때요? 홍수가 일어납니다. 구름 한 점 없는 맑은 날씨도 그래요. 처음에는 좋지만 몇 달간 계속되면 그게 바로 가뭄이잖아요.

기후는 어떨까요? 사람 성품은 날마다 바뀌거나 하지 않죠. 어떤 사람은 차분하고, 어떤 사람은 활달합니다. 그런데 어느 날 이런 성품이 바뀌었다? 이건 그 사람에게 큰 충격이 있었다는 것을 의미하죠. 기후 역시 지속성을 갖고 있어야 합니다. 여기에 변화가 일어난다고 하는 건 대단히 위험한 상황이라는 겁니다. 그렇다면 우리는 그동안 어떤 기후 조건에서 살아왔을까요?

프랑스 파리의 센강과 우리나라 한강 변의 풍경을 비교해 볼까요? 우리나라는 여유 공간을 두고 강과 멀찌감치 떨어져서 건물을 짓는데 프랑스 파리는 바로 강 옆에 건물이 올라갑니다. 우리나라가 프랑스보다 토목공학 능력이 부족해서 그런 건 아니겠죠. 우리가 강 바로 옆에 건물을 짓지 않은 이유는 바로 '기후' 때문이에요.

파리는 계절과 상관없이 강수량이 일정합니다. 1년 내내 일정하게 비가 내려요. 우리나라는 안 그렇죠. 여름에 비가 집중됩니다.

그래서 강 옆에 건물을 붙일 수가 없어요. 홍수 시 수위를 고려해야 합니다. 만약 강에 붙여서 건물을 지으려면 둑을 높이 쌓아야 하죠. 홍수가 났을 때 둑이 무너지면 엄청난 침수 피해가 발생할 거예요. 둑을 유지·보수하는 데도 돈이 많이 듭니다. 그러느니 멀찌감치 떨어져서 건물을 짓는 편이 나은 거예요.

그래서 유럽은 춥고 건조한 지역에서 잘 자라는 밀 농사가 발달했습니다. 쌀과 달리 여럿이 모여 물을 대는 관개사업을 하지 않아도 돼요. 혼자 나가서 씨를 뿌리고, 혼자 나가서 추수할 수 있습니다. 그래서 유럽에서는 개인주의가 발달할 수 있는 토대가 되었다고 합니다. 아시아에서는 여름 우기 때 내린 비를 가두어 쌀농사를 짓습니다. 쌀농사는 품이 많이 들어요. 하지만 영양가는 물론 생산 효율이 밀에 비해서 높아요. 쌀은 매년, 지역에 따라 두 번 수확할 수 있는 반면에 지력을 많이 소모하는 밀은 휴경을 해야 합니다. 그래서 아시아에 인구가 밀집될 수 있었던 겁니다.

이러한 차이는 문화에도 영향을 미칩니다. 벼농사는 공동체 문화를 키웁니다. 벼농사에는 많은 물이 소요됩니다. 저 멀리 강이나 하천에서 물을 끌어와야 하는데 이걸 혼자서 할 수 있겠어요? 온 마을 사람들이 함께 나가서 물길을 내고 논 사이사이에 골고루 공급합니다. 비가 1년 내내 부슬부슬 내리느냐, 아니면 여름철에 한

<씨 뿌리는 사람>, 장 프랑수아 밀레, 1865년.

"비가 1년 내내 부슬부슬 내리느냐, 아니면 여름철에
한꺼번에 쏟아지느냐에 따라서 우리 삶의 공간,
먹을 것, 심지어 인간관계까지 달라집니다.
우리가 의식하고 있지는 않지만, 우리 생존이 기후에
맞춰져 있는 거예요."

꺼번에 쏟아지느냐에 따라서 우리 삶의 공간, 먹을 것, 심지어 인간 관계까지 달라집니다. 우리가 의식하고 있지는 않지만, 우리 생존이 기후에 맞춰져 있는 거예요. 그런데 기후가 변화한다? 당연히 우리 생존에도 변화가 생겨서 위험에 빠질 수 있는 거죠.

기후 변화와 진화

500만 년 전 지구상에 처음으로 인류 조상(오스트랄로피테쿠스)이 출현합니다. 이 시기 기후는 어땠을까요? 인류가 출현한 아프리카 동북부는 원래 나무가 빽빽한 밀림 지역이었습니다. 그런데 기온이 내려가고 동아프리카 지구대가 만들어지는 지각 운동으로 기후 조건이 변하자 숲은 초원으로 변했습니다. 건조한 사바나 기후로 바뀐 거예요. 생존 환경이 바뀌면서 인류도 두 갈래로 진화했습니다.

이때 오스트랄로피테쿠스는 파란트로푸스와 호모하빌리스로 진화했습니다. 파란트로푸스는 단단하고 거친 먹거리도 능히 씹을 수 있는 튼튼한 턱과 이빨을 가지고 있었어요. 호모하빌리스는 뇌가 커졌고 석기를 사용하여 거친 먹거리를 부드럽게 만들어 먹을 수 있었습니다. 파란트로푸스처럼 자기 몸을 변화시킨 것이 아니라 똑똑해져서 부엌살림을 차려 문제를 해결한 거죠. '능력 있는 인간'이라는 뜻인 호모하빌리스는 우리 조상이 된 최초의 호모속이었습니다.

호모하빌리스가 머리가 좋아 연장을 사용할 수 있다고 해서 바로 사냥꾼이 될 수는 없었습니다. 키가 1미터 내외에 불과했고, 몸무게도 45킬로그램 정도였습니다. 사자나 표범이 다른 동물을 잡아먹고 남긴 찌꺼기 살을 하이에나와 독수리가 휩쓸고 지나간 후에나 남겨진 뼈만을 차지할 수 있었어요. 석기를 이용해 뼈를 부수어 그 안의 골수를 빼먹었습니다.

호모속은 갈수록 추워지고 건조해지는 추세에만 적응했던 것이 아니었습니다. 플라이스토세에 빙기와 간빙기 간 기온 차가 점차 더 커졌습니다. 이에 따라 숲, 호수, 사바나, 삼림 지대가 확장과 수축을 반복하는 자연환경의 가변성도 점차 더 컸습니다.

이런 자연환경에서 호모속은 사회적 학습이라는 집단 지성을 통해 발전할 수 있었습니다. 먹을 것이 풍부하고 따뜻하게 잘 곳을 찾아내면 자기 홀로 누리지 않고 동료에게 알려 주었죠. 이 정보를 모아서 더 좋은 정보를 쌓아 갈 수 있었습니다. 즉 인류는 연대를 통해 자신 능력보다 더 큰 무언가를 이루어 낼 수 있게 되었습니다.

오스트랄로피테쿠스부터 호모하빌리스와 호모 에렉투스를 거쳐 호모사피엔스에 이르기까지 호모속의 뇌는 점점 더 커졌습니다. 좋아지는 머리는 자신만을 위해서가 아니라 더욱더 연대하기 위해서였습니다. 결국 척박한 자연환경에서 함께 분투하면서 오늘날 우리로 진화한 거죠.

호모하빌리스와 함께 지구상에 출현했던 파란트로푸스속은 당시 자연환경에 맞는 신체 조건을 가지고 각자도생했습니다. 결국 기후 변화가 더 커지자 더 이상 적응하지 못하고 100만 년 전에 멸종했습니다.

지금의 우리와 해부학적으로 같은 호모사피엔스는 약 20만 년 전에 출현합니다. 4만 5000년 무렵에는 동굴에 멋진 동물 그림을 남기고 3만 5000년 전쯤에는 동물의 뼈를 갈아 바늘을 만듭니다. 하지만 이때까지 인류는 여전히 '구석기 시대'라는 긴 터널을 빠져나오지 못하고 있었습니다. 그렇다면 인류는 어떻게 신석기 시대를 열었을까요? 기후에서 답을 찾을 수 있습니다.

1만 2000년 전까지 지속했던 빙기에는 북반구 고위도 지역까지 빙하가 확장되었습니다. 기온이 낮아 해양에서 수증기 증발이 적어 사막이 지금보다 넓었습니다. 또한, 지금보다도 열대와 고위도 지역 간의 기온 차가 커서 바람이 몹시 강했습니다. 기후 변화는 대류과 해양 간 그리고 열대와 고위도 간에 차이가 발생했습니다. 이로 인해 날씨는 오늘날보다 더 변덕스럽고 혹독했습니다. 이런 기후에서는 농업을 할 수 없었으므로 사냥꾼과 채집자로서 삶을 영위할 수밖에 없었습니다. 예를 들어, 태풍이 매년 한 번 정도 한반도를 지나간다면, 피해 복구를 하며 농사를 지을 수 있죠. 반면 태풍이 매년 여러 번 휩쓸고 지나가면 복구가 의미 없으므로 씨앗을 심을 엄두를 못 냈을 겁니다.

2만 년 전부터는 기후가 따뜻해지면서 빙하가 후퇴했습니다. 마침내 1만 2000년 전에 빙하기를 뒤로하고, 현재의 따뜻한 간빙기인 홀로세(Holocene)에 들어섰습니다. 홀로세는 인류가 자연과 조화로운 '완전한 시대'란 뜻입니다. 그전보다 기후 변동성이 극히 작은 안정된 시기입니다. 이때 비로소 우리 인간은 씨앗을 심기 시작해요. 바야흐로 신석기 시대가 열리는 거죠. 물이 풍부하고 땅이 기름진 강 하구로 사람들이 몰려들면서 도시가 생기고 높은 농업 생산량을 토대로 문명이 출현하죠. 지금 지구 인구가 80억 명이에요. 이들을 먹여 살릴 수 있는 건 전적으로 농업 덕분입니다. 농업은 지난 1만 2000년 동안 유지되어 온 안정된 기후에서만 가능합니다. 그런데 우리가 이 안정된 기후를 변화시켜 스스로 위험에 빠지고 있습니다.

거대한 가속

1750년 산업 혁명이 일어났습니다. 그 이후 사회 경제가 거대한 가속으로 성장하고 있습니다. 1900년부터 최근까지 생물 총량(식물, 동물 등 지구상에 살아 있는 모든 것의 무게)은 일정한 수준 그대로 유지되고 있습니다. 한편, 인간이 만든 물질인 콘크리트, 골재, 아스팔트, 벽돌, 금속, 플라스틱이 급속히 증가하고 있죠. 인간이 만든 물질이 1900년도에는 생물 총량의 3% 정도였어요. 그러던 게 2000년에 생물 총량의 절반 정도가 되었고, 2000년 이후 20년 만에 두 배가 돼서 인간이 만든 물질이 생물 총량을 넘어서려는 수준에 도달했습니다.

이런 추세는 생물 실험실에서 배양 접시에 미생물이 증식하는 모습과 같습니다. 한 마리가 두 마리로 증식합니다. 네 마리, 여덟 마리, 열여섯 마리, 서른두 마리, 예순네 마리, 이런 식으로 증식하는 것을 우리는 기하급수적이라고 하는데, 인간이 만든 물질이 산업 혁명 이후 지구상에서 증식하는 모습과 동일합니다. 미생물이 배양 접시 절반을 채울 때까지는 시간이 제법 걸립니다. 그런데 절반을 채우고 난 다음 한 번만 더 증식을 하고 나면 배양 접시에는 미생물이 꽉 차고, 그 안에 있던 영양분을 다 빨아먹은 다음 멸절합

<생 라자르역>, 클로드 모네, 1877년. 산업 혁명 이후 과학 문명을 상징하는 기차역 그림.

"1750년 산업 혁명이 일어났습니다. 그 이후 사회 경제가
거대한 가속으로 성장하고 있습니다. 인간이 만든 물질인
콘크리트, 골재, 아스팔트, 벽돌, 금속, 플라스틱이
급속히 증가하고 있죠."

니다. 미리 제한하지 않으면 마지막 단계에서는 손을 쓸 시간이 없습니다. 성장이 빠를수록 한계에 부딪히는 시간도 그만큼 빠르고 그에 따른 부작용도 커지게 될 것입니다.

경제 성장은 에너지와 물질의 증가와 불가분의 관계가 있습니다. 현재 전 세계적인 경제 성장률은 3%입니다. 3%씩 매년 성장한다면 23년 후에는 경제 규모가 두 배가 됩니다. 인간의 두뇌와 근육의 힘만으로 그렇게 될 수 있을까요? 어림도 없는 소리입니다. 그만큼 에너지와 자원을 지구로부터 빼 써야 하고 그만큼 온실가스와 오염 물질을 내뿜고 쓰레기를 쌓아 둬야 그런 경제 규모가 되는 것입니다.

2000년을 시작으로 매년 3%씩 성장을 한다면 경제 규모가 2100년 20배, 2200년에 370배, 2300년에 7000배에 이르게 됩니다. 성장에는 그만큼 대가를 치러야 합니다. 지속해서 성장하는 경제는 팽창하는 풍선과 같아서 언젠가는 터져 버릴 위험을 안고 있습니다. 앞으로 기술 혁신에 힘입어 기후 위기를 극복하고 계속 성장할 수 있을 것이라 여긴다면 그것은 망상에 불과합니다. 우리는 존재할 수 없는 세상을 향하여 달려 가고 있는 것입니다.

인간이 만든 세상이 물질적으로 유한한 지구 한계를 넘어서게 되면, 지구는 인류 진보를 위한 착취 대상이 아니라 인류 문명을 붕괴시킬 수 있는 주체가 됩니다. 우리가 숨 쉬는 공기, 마시는 물, 먹는 식량, 그리고 삶의 거주지가 지구로부터 공격을 받는 상황에 처하는 것이죠. 이것이 바로 오늘날 지구 위기의 본질이며, 기후 변화를 통해 드러나게 될 현실입니다.

지구 가열

유한한 지구에서 우주로부터 들어오는 유일한 것은 태양 에너지입니다. 태양 에너지로 지구 온기가 보존되고, 햇빛으로 광합성을 해서 이 생태계가 유지되며, 이에 의존해 80억이라는 인구가 먹고사는 것입니다. 그런데 태양 에너지가 들어오기만 하고 우주로 빠져나가지 않는다면 지구는 지글지글 끓게 됩니다. 산업화 이후 화석 연료를 태워서 온실가스 농도를 높였는데, 바로 이 온실가스가 우주로 빠져나가려는 열을 잡아 두는 것이죠. 온실가스는 한번 배출되면 수백 년, 수천 년 동안 없어지지 않고 대기에 남아 있습니다. 다시 말해 이 열은 계속 축적됩니다. 1998년 이후부터 인간이 배출한 온실가스로 인해 히로시마 원자폭탄 31억 개가 터진 만큼의 에너지가 우주로 빠져 나가지 못하고 지구에 잡혀 있습니다. 이로 인해 기후 위기가 일어나고 있습니다.

지난 80만 년 동안 빙기와 간빙기가 10만 년 주기로 반복했습니다. 이는 인간이 일으킨 100년 동안의 변화와는 달리 10만 년에 걸쳐 일어난 변화이기에 자연스럽죠. 이때 자연에서는 1000년에 약 1도 상승하는 것이 가장 빠른 기온 상승 속도입니다. 인간은 화석 연료를 태워 지난 100년 동안 약 1도를 상승시켰습니다. 인간에 의한 기온 상승 속도는 자연 상태일 때보다 10배나 빠릅니다. 이처럼 인간에 의한 기후 변화는 크기보다 속도에 달려 있습니다. 오늘날 기온 변화 속도가 커진다는 것은 기온 변동이 커진다는 것을 의미합니다. 즉, 극단적인 날씨가 크게 증가하여 위험이 커지고 있습니다. 1980년도에 전 세계적으로 약 250개 정도의 극단적인 날씨가 발생했어요. 2019년에는 그 수가 800개를 돌파합니다. 지난 40여 년 사이에 발생 빈도가 세 배 이상 증가한 거예요.

기후 전망

이제 미래 기후는 자연이 아니라 인간에 의해 결정됩니다. 인간이 어떤 세상을 만드느냐에 따라 온실가스 배출량이 달라지기 때문입니다. 2021년 기후 변화에 관한 정부 간 협의체(IPCC) 6차 평가 보고서(WGI)가 발간되었습니다. 이 보고서에서 기후 변화에 대한 여러 미래 시나리오(Shared Socioeconomic Pathways, SSP)가 제시되었습니다. 전 세계가 경제 성장을 최우선하여 화석 연료를 맘껏 태우는 시나리오에서는 금세기 말에 지구 평균 기온이 약 5도까지 올라갈 거로 전망합니다. 전 세계가 경쟁이 극심하여 각자도생하는 시나리오에서는 약 4도까지 상승할 것입니다..이 세상이 지속 가능하려면 1.5도나 2도로 막아야 합니다.

이번 세기말까지 기온 상승 2도를 막기 위한 파리 기후 변화 협약에 전 세계 대부분 나라가 가입했습니다. 이에 따라 각 나라는 온실가스 배출에 대한 책임과 역량을 고려하여 '국가 온실가스 감축 목표(Nationally Determined Contribution, NDC)'를 국제적으로 약속했습니다. 그런데 이를 완벽히 지킨다고 해도 2.5~3도 지구 가열이 일어날 것으로 전망합니다. 국제적인 NDC 상향 조정이 불가피한 상황이죠. 기온 상승 2도를 막는 것은 2013년도에 발간된 IPCC 5차 보고서에 근거했습니다. 그때도 일부 기후 과학자들이 1.5도만 넘겨도 위험하다는 주장을 했었습니다.

2018년도에 인천 송도에서 1.5도를 다루기 위해 IPCC 특별 총회가 열렸습니다. 이때 새로 모아진 연구 결과를 분석해서 1.5도 상승에서도 기후 위기가 본격적으로 일어날 수 있다는 합의가 이루어졌습니다. 1.5도를 막으려면 2050년까지 '탄소 중립'에 도달을 해야 한다는 것도 2018년 IPCC 특별 총회에서 정해졌습니다. 기온 상승을 1.5도 이내로 제한하려면 이산화탄소 배출량이 2030년까지 2010년 대비 45%로 감소해야 하며, 2050년까지 탄소 중립에 도달해야 합니다. 탄소 중립은 이산화탄소의 인위적 배출량이 인위적 흡수량과 균형을 이루어 공기 중 이산화탄소 농도에 변화가 없는 상태를 의미합니다.

탄소 중립은 우리나라 스스로 정한 과제가 아닙니다. 세계 주류 시장에 참가하려면 요청되는 우리 외부로부터 강제되는 프레임입니다. 그 예가 바로 RE100과 탄소 국경세입니다. 우리나라가 탄소 중립에 달성하지 못한다면, 기후 위기 이전에 경제 위기에 처할 가능성이 큽니다. 세계 시장에서 도태되지 않기 위해서라도 우리는 에너지 전환을 해야 할 처지이죠.

현재 온실가스 배출 수준이라면 기후 위험이 본격적으로 일어나는 지구 평균 기온 상승 1.5도는 2030년대에 일어날 가능성이 큽니다. 위험을 헤쳐 나가는 것도 한계에 부딪혀 결국 파국에 도달할 수도 있는 지구 평균 기온 상승 2도는 2050년대에 일어날 수 있습니다. 온실가스 배출량을 줄이지 않는다면, 우리와 직접 상관없는 먼

미래가 아니라 바로 우리와 우리 아이들이 기후 위험에 빠지게 됩니다.

기후 위기는 지금껏 인류가 경험한 모든 위험과 질적으로 다릅니다. 바로 '회복 불가능성' 때문이에요. 지금까지는 아무리 큰 위기가 있었다고 해도 지나고 나면 회복할 수가 있었어요. 안 그랬다면 우리가 지금 여기 함께 있을 수가 없겠죠. 기후 위기는 점진적으로 조금씩 다가오는 게 아니라 어느 날 느닷없이 급격한 변화로 다가올 수 있습니다. 젖은 도로에서 차를 몰고 가는데 도로 표면 온도가 영상 1도에서 영하 1도로 변하면, 약간 미끄럽던 도로가 순식간에 치명적인 도로로 바뀌죠. 이처럼 어느 순간에 전체 균형이 깨져 버리는 상태가 되는 시점을 티핑 포인트라 합니다. 티핑 포인트는 그 전과 후가 완전히 다른 상태가 되어 버려 돌이킬 수 없는 순간을 의미합니다. 지구 가열이 커질수록 결과가 원인이 되어 더 큰 결과를 낳는 순환이 일어나 극단적인 기후 위기가 가속됩니다. 이러한 조짐이 지금 전 세계 여기저기서 감지되고 있습니다.

에너지 전환

산업 혁명 이후 이 세상은 화석 연료에 기반하여 구축되었습니다. 인류는 이 조건에 탁월하게 적응해서 거대한 가속으로 성장해 왔지만, 그 같은 조건은 항구적이 아니라 일시적일 수밖에 없습니다. 오늘날 산업은 기후 위기를 일으키도록 구축되었지 기후 위기에 대처하도록 설계되지 않았기 때문이죠. 우리는 에너지 시스템을 완전히 바꿔야 할 상황에 직면했습니다.

2022년 발간된 기후 변화에 관한 정부 간 협의체(IPCC) 6차 보고서에서는 전 지구 평균 기온 1.5도 상승을 막기 위해 2019년 온실가스 순 배출량을 기준으로 2030년까지 43%, 2050년까지 84%를 감소해야 한다고 했습니다. 2018년 IPCC '지구 온난화 1.5도' 보고서에 따르면 2050년에 전 세계 전력의 70~85%를 재생 에너지가 공급해야 한다고 보았습니다. 여기서 핵 발전도 이산화탄소 감축 선택 중 하나로 언급했습니다. 그렇지만 IPCC 6차 저감 보고서에서 현 수준의 기술로 2030년까지 핵 발전은 태양광·풍력 발전에 비해 이산화탄소 감축 크기는 9분의 1 정도이며 비용이 훨씬 비싸다고 분석했습니다. 지난 10년간 가장 빠른 기술 혁신과 대량 생산이 있었던 분야는 원자로가 아니라, 태양광, 풍력과 전력 저장에 필요한 배터리 등 재생 에너지이기 때문입니다.

IPCC 6차 저감 보고서에서는 백지 상태에서 탄소 중립에 도달하려는 것이 아니라고 봅니다. 현재 기술 수준으로도 다양한 부분에서 탄소를 저감할 수 있습니다. 온실가스 1톤당 비용이 100달러 이하인 탄소 저감 방법으로 2030년까지 2019년 수준 절반 이상으로 전 지구 온실가스 배출량을 줄일 수 있습니다. 이 중 온실가스 1톤당 비용이 20달러 미만인 탄소 저감 방법이 절반 이상을 차지하며 여기에는 태양과 풍력 에너지, 에너지 효율 개선, 자연 생태계 파괴 감소, 그리고 메탄 배출 감축 등이 있습니다.

지구 평균 기온을 2도 이내로 제한하여 얻는 경제 혜택은 탄소 저감 비용보다 클 것으로 전망합니다. 기후 위기에 아무 대응도 하지 않으면 치러야 할 비용이 저감 비용과는 비교할 수 없을 정도로 크기 때문이죠. 과학 기술은 지구 가열을 막을 수 있다고 봅니다. 과학 기술이 할 수 있다고 제시한 이 목표의 달성 여부는 정치 사회적 의지의 문제일 뿐입니다.

기득권 집단들은 우리나라 자연환경으로는 재생 에너지로 전력 수요를 감당 못 할 것이고, 재생 에너지 폐기물 문제가 심각하게 될 것이라고 비판을 합니다. 결국 재생 에너지로의 전환이 불가능하므로 그 대안으로 핵 발전 확대를 주장합니다. 태양광은 위도가 낮을수록 유리한데 우리나라는 '재생 에너지의 나라' 독일보다도 위도가 무려 15도나 낮습니다. 우리나라는 풍력이 북유럽보다 작기는 하지만 풍력 발전을 할 수 없는 수준은 아닙니다. 보존해야 하는 농지와 산지가 아니어도 건물, 도로와 철도 주변, 주차장, 댐, 저수지와 대륙붕 등 태양광과 풍력 발전을 할 곳이 우리 국토에 널려 있습니다. 서울시 크기만 한 면적을 골프장으로 사용하는 게 우리나라입니다.

우리는 내일의 위험을 걱정하기도 하지만 그래도 오늘 당장의 삶을 더 중요하게 여기죠. 현재의 전력 공급 체계에서 핵 발전은 필요합니다. 그렇다고 앞으로도 그러해야 할 근거는 없습니다. 핵 발전은 미봉책일 뿐이며 대체 불가능하지 않기 때문입니다. 이제 핵 발전은 '위험과 혜택' 수준뿐만이 아니라 '비용과 효과' 측면에서도 더 가능하지 않습니다.

선진국들은 화석 연료 기반의 산업을 무너뜨리고 재생 에너지 기반의 산업을 일으켜 새로운 세상에서도 지배력을 유지하려고 합니다. 우리나라는 기후 위기에 대응하기 위해서만이 아니라 변화하는 세상에서 도태되지 않기 위해서라도 에너지 전환을 해야 할 처지예요. 세계 시장은 이러한 추세를 반영합니다. 일본의 미쓰비시가 튀르키예에서, 히타치와 도시바가 영국에서 수주한 핵 발전소 사업을 포기했습니다. 이미 투자한 수조 원은 매몰 비용으로 처리했습니다. 계속 진행할수록 더 큰 손실이 예상되었기 때문입니다.

물론 재생 에너지 전환에는 수많은 난제들이 있습니다. 하지만 지금 한계를 뛰어넘는 재생 에너지 기술 혁신 역시 활발합니다. 우리나라의 가장 큰 위기는 정책 결정자와 지도층이 전환 시대에 흐름을 제대로 인식하지 못하는 데 있습니다. 재생 에너지의 현재 한계를 넘으려는 노력과 전망에 대해서는 눈감고, 현재 한계에만 잡혀 있기 때문입니다.

기후 정의

우리는 유일한 행성인 지구를 공유하지만, 기후 위기는 우리를 더욱더 나누고 차별을 심화시킵니다. 세상이 공정하지 않을수록 기후 불평등은 더 강력하게 작동하기 때문이죠. 기후 위기는 전 지구 위기이지만 그 피해는 약한 쪽에서 입기 시작합니다.

부유한 나라와 부유한 사람들은 엄청난 양의 온실가스를 배출해 왔습니다. 반면 가난한 나라와 가난한 사람들은 온실가스 배출 책임에서 상대적으로 가볍지만, 기후 위기에는 더 쉽게 노출되고 가장 큰 고통을 받습니다. 전 세계 상위 10% 안에 드는 부유층은 전체 온실가스의 절반을 배출하는 반면, 전 세계 인구 절반인 가난한 사람들은 10%만 배출합니다. 전 세계 온실가스의 80%는 우리나라가 포함된 G20이 배출하지만, 전체 기후 피해의 약 75%는 가난한 나라에서 발생합니다.

기후 위기는 각 계층에 끼치는 영향이 다를 뿐만 아니라 이에 대응할 수 있는 수단과 방법도 계층별로 크게 차이가 납니다. 기후 위기로 타격을 입었을 때 소득과 자산의 손실 비율은 가난한 사람이 부유한 사람보다 훨씬 큽니다. 부유한 사람은 기후 위기를 피해 갈 수 있지만, 가난한 사람은 피할 수 없기에 속수무책으로 당할 수밖에 없고, 이 때문에 가난에서 벗어나지 못하는 빈곤의 덫에 갇히게 됩니다.

기후 위기는 세대 간에도 불평등한 영향을 미칩니다. 기후 위험에 빠지지 않으려면, 지금 어린 세대는 그 이전 세대와 달리 이산화탄소를 '사치스럽게' 배출할 수가 없습니다. 지구 평균 기온 상승을 1.5도 이하로 제한하려면 허용 가능한 배출량이 이미 대부분 소진되었기 때문입니다. 어린이와 청소년(1997~2012년생)은 그들의 조부

모(1946~1964년생) 세대가 배출한 이산화탄소량에 비해 단지 6분의 1 정도만을 배출할 수 있을 뿐이죠. 이뿐만이 아닙니다. 온실가스는 배출 후 바로 사라지지 않고 대기 중에 남아 누적되므로 기후 위기는 계속 악화됩니다. 다음 세대는 이전 세대가 배출한 온실가스로 인한 기후 위기를 고스란히 감당해야만 합니다.

기후 위기는 누가, 어디서, 언제, 얼마나 많은 온실가스를 배출했는지에 상관없이 그 피해가 다른 지역에서, 다른 세대에게 일어납니다. 원인 유발자와 피해를 보고 위험을 극복해야만 하는 사후 처리자가 동일하지 않죠.

기후 위기는 국경을 가로질러 진행되는 전 지구적 문제이자 전 세대에 걸쳐 일어나는 문제입니다. 그러므로 전 세계적인 해결책이 필요합니다. 그렇다고 기후 위기 책임이 모두에게 있다는 것은 아닙니다. 소수의 단기적 이익을 위해 모두의 장기적 이익이 침해당하고 있습니다. 현재 의사 결정자의 무책임이 미래 기후 위험을 발생시키지만, 미래 세대는 의사 결정에 참여할 수 없습니다. 책임져야 하는 사람이 책임져야 공정하죠. 기후 위기는 정의롭지 않은 세상에서 일어나기에 정의로운 세상을 만들어야 기후 위기에서 벗어날 수 있습니다.

담대한 전환

　　　　　　　　지구는 물질적으로 유한한 세계입니다. 대량 생산을 위해 자원과 에너지를 엄청나게 빼 쓰고 있습니다. 이를 소비하고 폐기하는 과정에서 온실가스와 오염 먼지를 내뿜고 쓰레기를 쌓아 두고 있습니다. 한쪽은 고갈시키고 또 다른 한쪽은 쌓아 둡니다. 지구는 이러한 상태를 견뎌내지 못합니다. 왜냐하면 지구는 에너지와 물질이 순환되는 곳이기 때문입니다. 한쪽은 고갈되고 또 다른 한쪽은 쌓이면 자연법칙에 의해 반드시 붕괴가 일어날 수밖에 없습니다. 경제 성장이란 건 지구로부터 에너지와 자원을 빼서 쓰고 온실가스와 오염 물질을 내뿜어야 이루어지는 일이죠. 이 무한 욕망이 지구라는 유한함을 넘어서면 결국 파국이 일어날 거예요.

　인간의 만족할 줄 모르는 욕망으로 변화되는 것은 지구 환경뿐만이 아니라 현대 사회 자체입니다. 이웃과 동료를 경쟁에서 이기지 못하면 불행해진다는 불안이 우리 삶을 짓누르고 있습니다. 우리 삶의 원동력이 행복이 아니라 불행입니다. 이 상황에서 우리 삶과 공동체는 경쟁으로 피폐해지며 자연을 급속하게 파괴시키고 있습니다.

기후 위기는 대량 생산, 대량 소비와 대량 폐기가 더 지속할 수 없다는 것을 깨우쳐 줍니다. 버려지는 음식물과 쌓이는 쓰레기 더미를 보면서도 세상의 온갖 문제가 어떻게 성장을 하지 못해 일어난 결핍 때문이라고 주장할 수 있습니까? 넘치도록 생산하는 이 세상에서 필요한 것이 결핍되었다면, 우리 공동체가 서로 돌보고 아끼고 나누는 일을 하지 않고 있다는 것을 의미할 뿐입니다. 이제 자원은 순환되어야 하고 에너지는 재생되어야 하며, 우리 공동체는 서로 돌보고 아끼고 나누고 베풀기 위해 존재해야 합니다. 경제는 지구 환경을 지키고 공동체의 가치를 실현하기 위한 수단이 되어야 합니다. 지금까지는 경제가 우리 목표였지만, 앞으로는 경제가 목표가 아니라 수단이 되는 담대한 전환을 해야만 위기에서 벗어날 수 있습니다. 여기에 성공하면 우리는 멋진 세상에서 살게 될 것입니다.

인간은 자연의 일부이므로 자연을 해치는 문명이 결국 인간을 해칩니다. 기후 위기보다 인간에게 더 제한을 가하는 지배적인 조건은 없어요. 우리가 10미터 높이에서 낙하한다고 가정해 보죠. 너무 위험하니 중력 가속도를 절반으로 줄이자고 타협할 수 없습니다. 자연은 타협의 대상이 아니죠. 이것이 모든 것을 바꾸어 놓을 것입니다. 지금껏 달려 왔던 세상을 바꾸지 않는다면, 기후 위기가

이 세상을 바꾸게 될 것입니다. 기후 위기는 문명 자체의 위기이므로 해오던 방식대로 하면 미래로 갈 수 없어요. 지금 세대가 기후 위기를 막을 수 있는 마지막 세대입니다. 그만큼 우리 세대의 책임이 큽니다.

사회학자 울리히 벡은 『위험사회』에서 '해방적 파국'을 말했습니다. 우리 앞의 파국은 지금 이 사회 시스템의 문제가 무엇인지 우리에게 선명하게 보여 줍니다. 어쩌면 기후 위기라는 계기가 지구적 공론과 연대의 장을 열 수 있을 것입니다. 그것이야말로 희망의 씨앗이라고 저는 믿고 있어요.

세 번째 이야기

한재각

기후 위기와 기후 정의

한재각

기후 정의 활동가

2009년부터 2020년까지 에너지기후정책연구소에서
부소장과 소장으로 일했고, 현재는 기후 정의 운동에
전념하기 위해서 독립적으로 활동하고 있다.
2019년 '924 기후정의행진'을 결성하는 데
참여하고 공동운영위원장으로 일했으며,
2022년 '924 기후정의행진'을 조직한
9월 기후정의행동 조직위원회 공동집행위원장으로도
활동했다. 기후 정의를 위해서 읽고 쓰고 강의하며,
직접 행동을 조직하기 위해서 애쓰고 있다.

반갑습니다. 에너지기후정책연구소의 한재각입니다. 오늘은 기후 위기와 기후 정의라는 주제로 말씀드릴 텐데요. 여러분은 '기후 위기'라는 말을 들으면 어떤 감정이 느껴지세요? 신나거나 유쾌하지는 않죠? 대부분 부정적인 감정들을 가지고 있을 겁니다. 두렵고 불안하다 느끼는 분도 있고, 무력하다는 분, 화가 난다는 분도 있어요. '난 신경 안 써.' 하다가도 문득 불안하죠. '이러다가 정말 큰일 나는 거 아니야?' 하다가 '당장 내가 어떻게 할 수 없는 건데.' 싶어서 무기력해집니다.

우리는 왜 분노해야 하는가

저희 집 뒷마당에 대추나무가 있는데요. 어느 날 제 어머니가 그래요. "지금쯤 항상 벌이 와서 윙윙 거리는데 올해는 한 마리도 없다." 그러더니 얼마 안 있어서 대추가 많이 안 열렸다는 소리도 하시더라고요. 세계 각국이 이상 기후로 피해를 보고 있다는 뉴스도 들려옵니다. 올해 내린 폭우도 그렇고 이제 기후 위기는 피부로 느껴지고 있어요. 불안할 수밖에 없죠. 또 어떤 분들은 기후 위기 하면 죄책감을 느낀다고 합니다. "제가 어젯밤에 배가 고파서 배달 음식을 시켰는데 먹고 나니까 일회용품이 수북한 게 정말 죄스럽더라고요." 이렇게 이야기하세요.

저는 개인적으로 요즘 '분노'를 많이 느낍니다. 처음에는 불안했다가 나는 뭐하나 싶어서 무기력했다가 지금은, 어쩌면 기후 위기를 접하면서 생기는 마지막 감정인 것 같은데요. 화가 나요. 그 분노는 세상을 향했다가 나 자신에게 돌아오기도 합니다.

누군가는 이 위기를 만들어 내면서 이익과 권력을 얻어요. 이번 러시아 - 우크라이나 전쟁으로 기름값이 엄청 올랐어요. 서민들은 고통 받는데 정유 회사들은 2022년 1분기에만 2조 원이 넘는 영업 이익을 챙겼어요. 겨우 3개월 만에 그만한 돈을 벌었다는 거예요. 석유가 온실가스를 늘리는 주범이라는 걸 뻔히 알면서도 계속해서 그걸 팔아대면서 엄청난 이익을 누리는 집단이 있다는 사실을 생각하면 정말 화가 납니다. 왜 우리만 이렇게 불안해해야 할까요? 저들은 왜 아무 일도 하지 않는 거죠?

기후 위기로 인한 재난은 약자들에게 먼저 찾아옵니다. 2022년 여름 폭우에 반지하 거주민들이 희생되었는데, 그분들이 얼마나 온실가스를 배출했겠습니까? 반지하에서 거주한다는 이유로, 경제적으로 낮은 위치에 있다는 이유만으로, 적정한 주거지를 못 가졌다는 이유만으로 그런 일을 당해야 한다는 건 부당해요. 기후 위기와 관련해서 이성적인 접근, 즉 정보를 나누고 분석하는 것만큼이나 우리가 직면한 위기와 재난을 어떻게 받아들이고 있는지, 어떤 감정을 느끼는지도 함께 이야기해야 할 부분이라고 생각해요.

2021년 8월 브라질 상파울로주의 한 도시에 모래 폭풍이 일어났습니다. 모래 폭풍이 도시를 집어삼키면서, 해가 사라져 컴컴해지고 숨을 쉴 수 없는 상태가 되었습니다. 모래 폭풍에 빠져든 도시의 주민들이 그 순간을 스마트폰으로 찍어서 인터넷으로 올려 두었더라구요. 그중에 하나를 봤더니, 한 주민이 이렇게 외쳐요. "너무 비현실적이야." 우리도 가끔 예상치 못한 일을 당하거나, 피하고 싶은 사고에 직면했을 때, 차라리 이게 현실이 아니었으면 좋겠다는 생각을 하곤 하죠. 그들도 그런 마음이 아니었을까요?

이 도시가 사하라 사막 지역에 있었다면 이 모래 폭풍을 덜 '비현실적'이라고 느꼈을지도 모르겠습니다. 가끔은 이런 폭풍을 만났을 테니까요. 그런데 여러분, 모래 폭풍이 일어난 장소는 뭔가 상식에 반하는 느낌이 들잖아요. 국토의 59%가 열대 우림으로 덮여 있는 브라질의 도시에서 모래 폭풍이 일어났으니, '비현실적'이라는 외침이 나올 만합니다. 이 현상 역시 '기후 위기'와 관련됩니다. 그래서 저는 그 말이 마치 지금 우리가 당면한 기후 위기 상황에 대한 은유처럼 느껴졌습니다.

우리는 가끔 '기후 위기가 다가오고 있다'는 말을 듣습니다. 그런데 이 말을 뜯어 보면, 기후 위기는 아직 도착하지 않았다고 전제되어 있습니다. 그리고 요행스럽게 기후 위기를 피할 수 있을지 모른다는 희망도 담겨져 있습니다. 그러나 저는 기후 위기는 이미 와 있다고 생각해요. 기후 재난이 지구 곳곳에서 벌어지고 있고 많은 사람이 피해를 입고 있어요. '아프리카의 뿔'로 불리는 북동부 지역의 케냐, 소말리아, 에티오피아에서는 엄청난 가뭄으로 수많은 사람이 기아에 허덕이고 있어요. 이런 상황에서 기후 위기가 '오고 있다'는 말은 맞지 않죠.

그런데 세계 곳곳의 재난 소식이 우리의 행동을 이끌지 못하고 있는 듯합니다. 먼 나라의 남의 일처럼 여겨지고 있는 듯합니다. 이는 언론의 선정주의도 한몫합니다. 문제를 분석하고 해결책을 모색하는 데 관심을 쏟기보다는 자극적인 장면을 통해 시청률이나 올리자는 거죠.

기후 운동가들은 기후 위기를 말할 때 '우리 공동의 집에 불이 났다'는 비유를 많이 씁니다. 실제로도 그렇죠. 전 세계에서 산불이 나고, 지구 온도가 계속 상승하고 뜨거워지고 있으니까 무리한 비유는 아닙니다. 자, 그럼 우리가 불이 난 것을 발견하면 어떻게 해야 합니까?

네, 곧장 불을 끄려 할 수 있습니다. 119에 신고할 수도 있고 바로 대피해야 할지도 모릅니다. 그런데 저는 "불이야!" 하고 소리치는 걸 강조하고 싶어요. 불이 난 것을 보면 우리가 본능적으로 소리를 치게 되어 있어요. 스스로를 각성시킬 뿐만 아니라 불이 났다는 상황을 다른 사람에게 전파하는 행위입니다. 이 건물에 나만 있다면 모를까, 혹시라도 잠든 사람이 있다면 깨워야 하잖아요. 지금 기후 위기 상황도 이와 비슷합니다. 기후 재난이 닥쳐 오고 있으니 소리쳐서 이를 알리고, 하던 일을 멈추고 대처해야 합니다.

2019년 5월 1일 영국 의회는 '기후 위기 비상사태'를 선포했습니다. 그러기까지 수많은 사람의 외침이 있었어요. 수천 명이 시위를 하면서 영국 사회를 한번 들었다 놓은 거죠. 비상사태는 그 결과예요. 파장이 전 세계에 미쳤죠. 한국도 2020년 9월에 국회가 '기후 위기 비상 상황 선언'을 결의했습니다. 그 첫 번째 조항이, "대한민국 국회는 인간의 화석 연료 사용과 온실가스 배출 증가에 따른 기

<영국 국회의사당 화재>, 윌리엄 터너, 1835년. 1834년 10월 16일 발생한 영국 국회의사당 화재를 그린 그림.

"기후 운동가들은 기후 위기를 말할 때 '우리 공동의 집에 불이 났다'는 비유를 많이 씁니다. 실제로도 그렇죠. 전 세계에서 산불이 나고, 지구 온도가 계속 상승하고 뜨거워지고 있으니까 무리한 비유는 아닙니다."

후 변화로 가뭄, 홍수, 폭염, 한파, 태풍, 대형 산불 등 기후 재난이 증가하고 불균등한 피해가 발생하는 현재의 상황을 기후 위기로 엄중히 인식하고 기후 위기의 적극적 해결을 위하여 현 상황이 기후 위기 비상 상황임을 선언한다"입니다.

이 문장의 주어가 무엇입니까? '대한민국 국회'죠. 환경 운동가나 기후 과학자가 아니에요. 아마 그랬으면 사람들이 그러려니 했을 거예요. 항상 위기라고 하고, 항상 큰일 났다고 하고 했으니까요. 그런데 대한민국 국회는 다릅니다. 헌법 기구, 민의의 대변자로 불리지만 일반적으로 보수적인 집단으로 인식돼요. 그런 국가 기관이 기후 위기가 비상 상황임을 선언한 겁니다.

문제는 그 후로 아무것도 바뀐 게 없다는 겁니다. 누군가가 "불이야!" 하고 소리쳤는데 그걸 못 듣고 다들 하던 일만 하고 있습니다. 그러면서 벌써 2년이 지났죠. 그 문구대로라면 정말 뭔가 진짜 각별한 노력이 있어야 하잖아요. 불이 났다는데 평소대로 회사와 학교에 갑니다. 심지어 "불이야!" 하는 외침 자체를 못 들어요. 게다가 정작 그렇게 소리친 국회는 불을 끄기 위해 도대체 무엇을 했느냐는 거예요.

자, 그래서 재난은 이미 시작됐고 여기저기서 "불이야!" 하고 소리치는 상황이라는 말씀을 드렸습니다. 그렇다면 누가 이 사태를 책임져야 할까요? 그 이야기를 해보도록 하지요.

누군가에게는 더 큰 책임이 있다

이 기후 위기의 책임을 가리자고 하면, 항상 나오는 말이 있습니다. "지금 네 탓 내 탓 따질 때냐, 다 같이 뭔가를 해야 될 때가 아니냐?" 맞습니다. 기후 위기는 모두가 함께 노력해야 할 일입니다. 그러나 과연 그 책임이 똑같다고 말할 수 있을까요? 저는 '공동의 차별화된 책임'이라는 개념을 말씀드리고 싶어요.

1992년 6월 브라질 리우데자네이루에서 기후 변화에 관한 유엔 기본 협약(UNFCCC)이 체결되었습니다. 30년이 지났는데요. 이때부터 인류가 공동으로 기후 위기를 인식하고 대응하자고 이야기해 온 겁니다. 그런데 이 협약에는 몇 가지 원칙을 제시하고 있는데 그중 하나가 '공동의 차별화된 책임' 원칙입니다. 공동의 책임이지만, 온실가스 배출량에 따라서 책임이 차별적이라는 것을 명시한 것입니다. 그냥 우리 모두의 책임이라고만 하면 안 된다는 것이죠.

누가 얼마나 책임을 져야 하는지는 얼마나 배출했느냐에 따라서 결정됩니다. 우선 국제적 수준에서는 국가별로 그 배출량과 책임을 따집니다. 따라서 "어느 나라가 온실가스를 가장 많이 배출할까요?" 하고 묻게 됩니다. 대개의 경우 "중국이요"라고 대답하는 사람이 많을 겁니다. 틀린 얘기는 아닙니다. 실제로 2010년대 중반을 지나면 중국이 미국을 제치고 한 해 동안 배출한 온실가스 양에서 세계 1위로 등극해요. 연간 배출량을 보면 전 세계 배출량의 30%를 차지해요. 미국은 15% 정도 됩니다.

그런데 다른 기준도 있습니다. "어느 나라가 온실가스를 가장 많이 배출해 왔을까요?"라고 질문을 바꾸는 것입니다. 즉, 누적 배출량을 따지는 것입니다. 대표적인 온실가스인 이산화탄소의 국가별 누적 배출량을 보면 미국이 전체의 25%로 세계 1위입니다. 중국은 미국의 절반인 12.7%에 불과합니다. 1771~2017년 동안 배출된 누적 배출량입니다. 유럽 연합 28개국이 22%, 러시아 6% 등, 과거 제국주의 침략을 했던 선진 산업국들이 거의 60%에 가까운 온실가스를 배출해 왔습니다. 선진 산업국들은 그동안 석유, 석탄, 천연가스를 캐서 쓰면서 경제적 부를 늘려 왔어요. 그 결과 지금 국제 사회에서 힘깨나 쓰고 있는 거죠.

그런데 한 해 배출량과 누적 배출량 중에서 어떤 것이 더 의미가 있을까요? 이산화탄소는 대기 중에 배출되면 평균 100년, 최장

500년까지 머문다고 합니다. 참고로 미세 먼지는 일주일 정도 있다가 가라앉습니다. 100년 전에 누가 이산화탄소를 대량으로 배출하고 있었을까요? 그때부터 배출된 이산화탄소가 차곡차곡 쌓여서 지금의 기후 재난을 야기한 것입니다. 따라서 누적 배출량을 따지는 것은 과학적 근거가 있는 일입니다. 또 그렇게 했을 때, 기후 위기의 차별적인 책임이 제대로 드러나게 됩니다.

한국도 살펴보죠. 누적 배출량에서 1%를 차지합니다. '겨우 그것밖에 안 돼?'라고 생각할지 모르지만 우리나라 아래로 200개 국가가 줄을 서 있어요. 아프리카 대륙 전체, 남미 대륙 전체가 각각 3%라는 점과도 비교해 볼 수 있죠. 전체에서 차지하는 비중은 적을지 몰라도, 다른 나라에 비해서 엄청나게 많은 온실가스를 배출하고 있는 겁니다.

결론적으로 이들 소위 '부자 나라'들이 온실가스를 배출했는데 피해는 어때요? '가난한 나라'들이 봅니다. 적도와 저위도에 있는 수많은 나라들, 즉 아프리카 지역 국가들과 방글라데시 같은 나라에서 피해를 봐요. 수해, 폭염, 가뭄, 해수면 상승 등 지금 지구상에서 벌어지는 수많은 기후 재난의 피해자는 압도적으로 개발 도상국 사람들이 많습니다. 따라서 기후 위기는 본질적으로 불평등, 부정의(不正義)의 문제입니다.

기후 위기를 인류 전체의 탐욕과 도덕적 해이의 결과로만 보아서는 안 된다는 뜻입니다. 구분이 필요해요. 누가 온실가스를 배출했느냐, 누가 더 책임을 져야 하느냐 하는 문제를 따지지 않고 뭉뚱그려서 책임을 나눈다면 공정하지 않아요. 불평등, 부정의를 빼놓고 기후 위기를 논하는 것은 사기라고 저는 생각합니다. 기후 위기를 핑계로 새롭게 이윤을 창출하면서 권력과 부를 지속하려는 속셈이 숨어 있을 가능성이 높다는 겁니다.

그렇다면 그동안 온실가스를 가장 많이 배출한 나라의 국민 전체에 책임을 물어야 할까요? 그런데 생각해 보면 미국에도 빌 게이츠처럼 큰 부자가 있는가 하면 먹고살기도 힘든 빈곤층이 공존합니다. 따라서 "너도 미국인이니까 책임 있어"라고 말하는 것도 부정의예요. 세분화해서 살펴볼 필요가 있습니다. 미국인이든 인도인이든 캐나다, 방글라데시 사람이든 일단 부자와 가난한 사람으로 나누어 생각해 보자는 거예요. 그러고 나서 기후 위기의 책임을 한번 다시 정리해 보자는 겁니다.

전 세계 소득 분포를 보면 상위 10% 소득 계층이 전체 소득의 52%를 차지합니다. 대략 8억 명 정도가 여기에 해당해요. 그다음으로 중위 40% 소득 계층이 전체 소득의 40%고 하위 50% 소득 계층이 전체 소득의 8%를 차지해요. 약 40억 명이 벌어들인 돈이 그

<삼등열차>, 오노레 도미에, 1864년. 기차의 삼등칸에 탄 가난한 가족들의 모습.

"전 세계 소득 분포를 보면 상위 10% 소득 계층이
전체 소득의 52%를 차지합니다. 대략 8억 명 정도가
여기에 해당해요. 그다음으로 중위 40% 소득 계층이
전체 소득의 40%고 하위 50% 소득 계층이 전체 소득의
8%를 차지해요."

정도밖에 안 되는 거예요. 일명 '칵테일 곡선'으로 불릴 만큼 위로 갈수록 넓게 퍼지는 양상을 보입니다. 그래프만 보아도 소득 양극화, 불평등의 심화가 얼마나 심각한지 알 수 있지요.

다음으로 소득 수준에 따른 온실가스 배출량을 살펴보면, 전 세계 상위 10% 소득 계층의 소비 기반 배출량이 대략 50% 차지합니다. 이 사람들이 사서 쓰는 물건 만드느라 그만큼의 탄소를 배출한다는 뜻이에요. 하위 50% 소득 계층은 대략 10%를 차지하지요. 쉽게 말해 최상위 10%의 사람들 8억 명 정도가 온실가스 전체의 절반을 배출한다는 뜻이에요. 생각해 보면 당연한 결과입니다. 많이 버는 사람들은 많이 쓰잖아요. 오늘날 소비 행위는 그 자체로 온실가스 배출 행위입니다.

지난 1990년에서 2019년까지 탄소 배출량은 꾸준히 증가해 왔는데, 누구의 책임일까요? 전 세계 50%의 가난한 사람들의 책임은 16%에 불과하지만, 상위 1%의 책임은 무려 21%나 됩니다. 하위 50%의 가난한 사람들의 온실가스 배출량 증가는 전등을 켜서 밤에 불을 밝히는 일과 관련이 되어 있을 거지만, 상위 1%의 부유한 이들의 배출량 증가는 자가용 비행기를 타고 더 커다란 자동차를 몰고 거대한 저택에서 호화로운 삶을 탐닉했기 때문일 겁니다.

흥미로운 지점은 부유한 나라의 중·저소득 계층의 사람들만 배출량이 줄어든 겁니다. 전 세계가 증가했는데 이 계층만 배출이 줄었어요. 크게 두 가지 정도로 이유를 추정해 볼 수 있을 것 같습니다. 하나는 환경적 실천들, 친환경적 생활 방식이 증가했기 때문일 겁니다. 여러분도 그렇게 하시잖아요. 일회용품 안 쓰고, 유기농 제품 사용하고, 걸어 다니고 합니다. 부유한 국가들의 중산층들이 그렇게 탄소 배출을 줄여온 거예요. 그러나 아마도 더 중요한 이유는 따로 있을지 모릅니다. 부유한 국가에서도 나타난 사회적 양극화와 불평등 심화로 중산층이 무너지고 저소득층의 임금이 하락했기 때문일 겁니다. 그 탓에 소비를 하고 싶어도 못 한 결과 그 계층의 배출이 줄어들었을 가능성도 있다는 뜻이에요.

여러분, 혹시 2021년 하반기부터 시작한 '우주 관광'에 대해 들어 보셨어요? 옛날에는 특별한 임무를 가진 이들이 우주선에 올랐습니다. 조종사, 과학자, 엔지니어처럼 특별한 훈련을 받은 사람들이었죠. 그런데 지금은 돈만 있으면 얼마든지 우주로 나갈 수 있어요. 수백억 원 되는 비용을 내고 부자들이 우주 비행선에 타기 시작합니다. 그중에는 아마존 창립자인 제프 베이조스도 있었어요. 우주선 발사장에서 우주로 올라가는 데까지 11분 걸립니다. 그런데 그 짧은 시간 동안 배출한 온실가스량이 75톤이나 됩니다. 참고로 한국인의 연간 탄소 배출량이 1인당 14.7톤입니다. 프랑스의 경제

학자 뤼카 샹셀은 이를 두고 이렇게 표현합니다. "극단적인 부는 극단적인 오염을 가져온다."

이제 한국 이야기를 해볼까요. 2021년 작성된 '한국의 소득 및 탄소 불평등 현황'이라는 자료를 보면 상위 10%가 가져가는 소득 비중이 계속 늡니다. 1980년에 32%였다가 2000년대 이후로 46~47%까지 늘어났습니다. 앞서 전 세계는 상위 10%가 전체 소득의 52%를 차지한다고 하지 않았습니까? 거기에 비하면 아직 괜찮은 건가요? 한편 소득 하위 50%는 1980년에 23%였다가 지금 한 16% 정도까지 내려갔습니다.

양극화의 심화, 사회적 불평등의 심화는 전 세계적으로 벌어진 현상이에요. 적어도 1980년대까지는 불평등이 완화되고 있었습니다. 국가가 세금으로 부를 재분배하고 복지 정책도 적극적으로 펼쳤어요. 그러다 1990년대 들어오면서 소위 '신자유주의'의 바람이 불어옵니다. 작은 정부, 기업의 자유, 무역의 자유가 강조되죠. 쉽게 말해 돈 버는 데 방해하지 말라는 거예요. 이후로 복지는 줄고 양극화는 심해집니다.

한국도 이런 흐름과 비슷하게 가죠. 그 결과 빈부 격차는 물론 탄소 배출 불평등도 강화됩니다. 우리나라 전체 인구의 1인당 평균 배출량이 14.7톤인데 상위 1%가 배출하는 양이 180톤입니다. 10

배가 넘죠. 하위 50%는 6.6톤입니다. 평균의 절반도 안 됩니다. 한국에서도 탄소 불평등이 엄청나다는 걸 말씀드린 겁니다. 제가 말씀드리고자 하는 바는 간단합니다. 오늘날 기후 위기는 소득이 높은 계층, 잘사는 나라에 더 큰 책임이 있다는 겁니다. 그래서 저는 이를 해결하는 방법 역시 '평등'에서 찾아야 한다고 생각합니다.

평등에서 해법 찾기

오늘 강의를 들으면서 이상하다고 생각하는 분이 있을지도 모르겠습니다. 보통 기후 위기 이야기하면 태양광, 풍력 등 재생 에너지나 전기 차, 수소 차 이야기 등을 들을 것이라고 기대하잖아요. 기후 위기를 해결하려면 온실가스 배출을 줄여야 되고, 그러려면 재생 에너지를 확대해야 한다는 건 이미 상식이 되어 있어요. 제가 말씀 안 드려도 많은 분이 알고 있으리라 생각합니다. 그러나 지금의 기후 위기가 재생 에너지나 전기 차 같은 기술적인 해법만으로 충분한 것일까요? 저는 여기서 다른 이야기를 해보려고 합니다.

여러분 혹시 『적을수록 풍요롭다』는 책을 읽어 보셨나요? 경제 인류학자인 제이슨 히켈이 쓴 책인데요. 그 내용이 무척 흥미로웠습니다. 많은 이야기가 적혀 있지만, 다음과 같은 구절이 관심을 끕니다. "사회가 평등해질수록 사람들은 높은 소득과 화려한 지위재를 추구할 압력을 덜 느낀다. 사람들을 영속적인 소비주의의 굴레에서 해방시킨다"는 대목입니다. 소비가 줄어들면 온실가스 배출이 줄어들겠지요. 그래서 사회가 평등할수록 탄소 배출량이 줄어들 수 있다고 말합니다. 그러면서 덴마크 같은 북유럽 국가의 사례를 들어요.

여기서 '화려한 지위재'라는 것이 중요합니다. 이게 뭘까요? 어떤 물건이 그것이 가진 사용 가치보다는 그걸 가지고 있는 이가 높은 사회적 지위에 있다는 것을 드러낼 수 있다는 데 더 관심을 받는 것을 말합니다. 제가 지금 시계를 차고 있다고 칩시다. 보통 시계를 차는 목적은 뭘까요? 시간을 보기 위한 것이고, 따라서 시간이 정확히 맞게 돌아가는 것이 중요하겠죠. 이제 제가 1000만 원짜리 명품 시계를 찼다고 해볼게요. 이거 시간 보려고 샀을까요? 그럴 리 없겠지만, 이제 그 시계는 시간이 안 맞아도 상관이 없을 것입니다. 자기를 과시하려는 수단, '나, 이런 사람이야!'가 이 시계의 목적일 테니까요.

강남 아파트도 그렇죠. 아파트가 다 거기서 거깁니다. 그런데 강

남의 오랜 아파트는 요즘 짓는 새 아파트보다 훨씬 비싸죠? 왜 그럴까요? '나, 이런 데 살아!'라는 메시지가 있잖아요. 그걸 소비하려는 겁니다. 이런 상품들은 그것을 소비하는 사람들의 우월함을 과시하려고 '차이'를 강조해요. 불평등한 사회일수록 이런 과시적 소비가 많습니다. 사람들을 구별 짓고 차별하는 사회에서는 내가 어떤 계급에 속하는지 증명해야 하니까요. 많은 사람을 최상위 계층의 과시적 소비를 모방하도록 내몹니다. 그럴 여유가 없는 사람들까지 그 모방 행동에 동참시키는데, 소위 '짝퉁'들이 범람하는 이유이죠. 이러면서 사회 전체가 불필요한 소비를 끝없이 확대해 갑니다. 그리고 당연히 탄소 배출량도 많아요.

그런데 역으로 평등해진다고 한다면 어떨까요? 한번 상상을 해 보세요. 어떤 사회가 있습니다. 북유럽 복지 국가를 떠올려도 좋아요. 이곳에서는 주거, 일자리, 교육 등 기본적인 삶의 조건을 보장합니다. 사람들이 경쟁과 차별 대신 조화와 공존을 미덕으로 여겨요. 그런 사회에서 고급 아파트에 사는 게 무슨 의미가 있을까요? 부자를 부러워하지 않는 사람들 앞에서 명품을 과시하는 게 무슨 의미가 있을까요? 이곳에서는 존재의 의미를 소비가 아닌 다른 가치 있는 일에서 찾을 가능성이 큽니다. 당연히 꼭 필요한 것만 사서 쓰는 문화가 정착되어 있겠죠.

히켈의 연구 결과도 그래요. 실제로 1인당 국내 총생산(GDP) 규모가 같다고 전제했을 때 평등한 사회가 덜 쓴다는 겁니다. 소비를 덜 한다는 건 탄소를 적게 배출한다는 뜻이에요. 우리는 기후 위기를 걱정하면서도 더 많이 먹고 쓰려고 하잖아요. 이건 그 자체로 모순이에요. 소비주의 문화를 버리지 않는 한 기후 위기는 극복할 수 없습니다.

한 사람 한 사람이 도덕적으로 각성해서 지구를 살리자는 건 신화에 불과합니다. '너, 배달 음식 시켰어? 지구를 생각해.' 흔한 캠페인 내용이잖아요. 물론 이런 홍보가 사람들의 인식을 바꾸는 데 도움이 되는 건 사실입니다. 하지만 근본적으로는 소비를 줄이는 방향으로 사회 구조 자체를 바꾸어야 해요.

불평등한 사회에서는 생존을 위해, 혹은 신분 상승을 위해 끊임없이 경쟁합니다. 이런 심리적 · 사회적 압박은 더 많은 소비로 치닫게 해요. 내가 저걸 못 사면 왠지 뒤처지고 불행한 기분이 들어요. 쫓기듯이 소비합니다. 그래서 소비주의의 압박 자체를 전반적으로 낮춰야 한다고 거예요. 그래서 히켈은 다소 급진적인 결론을 내립니다. 최고 부유층들의 소득을 줄이는 모든 정책은 생태적으로 효과가 있다고 얘기해요. 프랑스 경제학자 토마 피케티가 말한 부유세 같은 것도 여기에 해당하겠죠. 결론적으로 최상층의 구매력 감소는 그 자체로 탄소 배출 감소로 이어진다고 주장합니다. 한 마디로 기후 위기의 해법은 평등이라는 겁니다. 평등한 사회가 탄소 배출을 줄인다는 거예요.

2020년에는 코로나19 사태를 겪으면서 소비와 지출이 많이 줄었어요. 그런데 특이하게도 자동차, 가전제품 지출이 상승했어요. 주로 부자들이 많이 샀습니다. 다들 집 밖에 안 나올 시기였잖아요. 가게들도 일찍 문을 닫고 돈을 쓸 데가 없는 거예요. 그래서 차도 사고 가전제품도 사지 않았나 싶습니다. 그런데 아시다시피 이런 품목은 탄소 배출이 많습니다. 경제가 마이너스 성장을 하면서 전체 탄소 배출량은 줄었지만, 상위층은 오히려 더 많이 배출했다는 뜻입니다. 실제로 코로나19 시국에 전 세계 최고 부자들은 돈을 더 많이 벌었어요. 재난이 절대 평등하지 않다는 사실을 또 한번 확인할 수 있었죠.

2021년 12월 프랑스 파리 경제대학의 세계불평등연구소(WIL)에서 '세계 불평등 보고서'를 발표했는데요. 결론이 이겁니다. 온실가스를 급격하게 줄여야 하는데 특히 부유층부터 줄이라는 거였어요. 그 방안 중 하나로 부유세 도입 같은 걸 얘기해요.

2018년 프랑스에서 노란 조끼 시위가 있었죠. 유류세 인상에 항의하는 시위로 트럭 운전들이 시작했다가 전국적으로 번졌어요. 사람들이 분노할 만했습니다. 유류세는 올리면서 동시에 부유세를 깎아 줬거든요. 부유세 깎아준 만큼을 탄소세로 벌충하도록 설계했던 거예요. 분노한 프랑스 시민들이 거리로 쏟아져 나왔습니다. 기후 위기를 명분으로 운전으로 먹고사는 사람들 호주머니 털어서 부자들의 호주머니를 채우려 한다는 거예요. 이처럼 불평등에 초점을 두지 않는 기후 정책은 효과를 거두기가 어렵습니다. 그런데도 대개의 국가는 그렇게 안 하죠. 부자들의 입김이 세다 보니 가난한 사람들에게만 부담을 지우는 방식으로 정책을 만들어요. 당연히 저항이 있을 수밖에 없습니다.

'돈 벌 자유'와 기후 위기

2021년 영국 글래스고 지역에서 유엔 기후 변화 협약 당사국 총회가 열렸습니다. 이때 스웨덴의 청소년 기후 활동가, 그레타 툰베리가 와서 시위도 하고 연설도 했는데요. 이런 얘기를 했습니다. 지난 30년간 수많은 사람이 매년 비행기를 타고 와서 대규모 기후 국제회의를 했는데, 그 30년 동안 한 번도 온실가스가 줄지 않았다고 말이죠. 그동안 뭐 했느냐는 겁니다. 실제로도 그래요. 1992년 유엔 기후 변화 협약이 체결된 이후에 몇 번의 경제 위기 시기와 코로나19 기간을 빼면 쭉 온실가스 양이 증가합니다. 산업 혁명 이후로 1990년까지 배출된 양보다 그 후 지금까지 30여 년 동안 배출한 양이 더 많아요. 기하급수적으로 늘었다는 뜻입니다.

전 세계가 기후 위기의 심각성을 인식하고 협정까지 맺었는데, 심지어 교토 의정서 같은 구체적인 규칙을 정했는데, 왜 한 번도 온실가스는 줄지 않은 걸까? 어찌 보면 당연한 질문입니다. 정말 왜 그럴까요? 어떤 분은 시대적 맥락, 역사적 맥락을 떠나서 심리적인 차원에서 설명합니다. 현실을 부정해 왔다는 거예요. 마치 의사에게서 암 선고를 받은 환자가 그 사실을 부정하면서, 암이 아니라는 걸 확인할 때까지 계속 병원을 돌아다니듯이 말입니다. 그러니까 오늘날은 그동안 기후 위기로 인류가 큰 재앙에 직면했다는 사실을 외면한 결과라는 거예요. 그렇게 30여 년을 허송세월했다는 겁니다. 공감할 수 있을 겁니다.

그러나 다른 식의 설명도 가능하고 필요합니다. 1980~1990년은 자본주의의 새로운 시기가 시작되는 때죠. 제2차 세계 대전이 끝나고 나서 황금기를 거치면서 복지 국가가 탄생합니다. 일종의 계급적 타협의 결과죠. 자본가들도 노동자들의 복지를 위해서 돈도 내고, 대신 노동자들은 자본가들의 지위 같은 걸 근본적으로 부정하지 않는 식으로 절충점을 찾아요. 전체적으로 평등을 지향합니다. 그랬다가 이 시기를 기점으로 신자유주의가 고개를 들죠. 특히 남미 국가부터 민영화가 시작되고, 규제는 철폐되고, 무역의 자유, 기업의 자유를 위해서 모든 것이 허용됩니다.

그 정점에 1995년 출범한 세계무역기구(WTO)가 있지요. 기업의 이윤을 위해서 환경이나 안전, 인권이나 노동 같은 가치를 최소화하는 체제가 완성됩니다. 그 결과 한국을 포함해서 전 세계에 불평등과 양극화가 심화합니다. 불행하게도 그 시기가 기후 위기를 막자고 전 세계가 뜻을 모은 시기와 겹칩니다. 기후 위기를 막으려면 온실가스를 줄여야 하고, 그러려면 화석 연료에 기반한 산업 구조를 손봐야 하는데, 신자유주의가 맹위를 떨치고 있었던 거예요. 1992년의 유엔 기후 변화 협약과 1997년의 교토 의정서가 무력했던 이유이기도 합니다.

이를 상징적으로 보여 주는 것이 유엔 기후 변화 협약의 다섯 번째 원칙입니다. 내용이 이래요. "기후 변화에 대처하기 위해서 취한 조치는, 즉 온실가스를 줄이는 조치는 국제 무역에 대한 자의적 또는 정당화할 수 없는 차별적인 수단이나 위장된 제한 수단이 돼서는 안 된다." 말이 어렵긴 하지만 온실가스 규제가 자유 무역을 위협해서는 안 된다는 얘기입니다. 기후 위기보다 자유 무역이 우선이라는 거죠. 사정이 이런데 온실가스를 줄일 수 있었겠어요? 근본적으로 안 되는 상황이었던 거예요. 기업들은 이 시기에 엄청난 양의 화석 연료를 써서 돈을 법니다. 그 기업들이 번 돈만큼 온실가스는 늘어났어요.

계산을 해보니 1965년부터 2017년까지 배출된 이산화탄소 양의 35%를 20개 기업들이 배출했어요. 이 기업들을 포함해서 전 세계 화석 연료 기업들이 확보하고 있는 화석 연료의 매장량을 이산화탄소량으로 환산했더니 2500기가톤이 넘어요. 앞으로 아무런 규제 없이 지금처럼 화석 연료를 캐서 쓴다면 파리 협정의 목표인 1.5도는 지킬 수 없습니다. 3~5도는 올라갈 거란 말이죠. 1.5도를 지키려면 매장량의 85%를 캐내지 말아야 합니다. 기후 위기에 제대로 대응하려면 이들 화석 연료를 캐내지 못하게 막아야 한다는 겁니다.

문제는 자본주의 내에서 그게 가능하냐는 겁니다. 기업들에게는 이게 곧 자산이고 돈입니다. 사유 재산을 보호하고 이익 추구의 자유를 보장하는 게 자본주의잖아요. 그런데 그걸 기후를 위해서 제한한다? 이것이 바로 기후 위기와 관련해서 우리가 직면한 가장 중요한 질문입니다. 객관적 사실이 그래요. 이런 자본주의 체제를 바꾸지 않고는 기후 위기를 막을 수 없어요.

탈성장으로 체제 전환을 모색하자

지금 화석 연료로 돈을 버는 기업들도 마음이 편하지는 않겠죠. 국제 사회로부터 계속해서 온실가스 감축하라, 화석 연료 그만 캐내라고 압력을 받고 있으니까요. 그래서 편법을 쓰려고 하죠. 기술적 해결책을 찾는다고 합니다. 일명 '지구 공학(Geo-engineering)'으로 일컬어지는 것들이죠.

예를 들어 1991년에 폭발한 필리핀의 피나투보산에서 영감을 얻습니다. 이때 성층권까지 화산재가 퍼졌어요. 그랬더니 그늘막 효과가 생겨요. 태양광을 막은 겁니다. 그 결과 전 지구적으로 온도가 0.5도 낮아졌어요. 과학자들이 생각하죠. 그렇다면 인위적으로 이런 효과를 만들 수 있지 않을까? 비행기를 띄워서 성층권에 화산재의 성분인 황산화물 가루를 뿌리거나, 더 대담하게 지상에서 성층권까지 파이프라인을 설치해서 그 가루를 뿌리겠다는 구상을 내놓고 있습니다.

화석 연료 기업 입장에서는 나쁠 게 없어요. 이런 기술을 지원하고, 당장 되든 안 되든 상관없이 그동안 마음껏 돈을 벌 수 있으니까요. 이런 소설 같은 일을 추진하려는 이들 중에는 빌 게이츠와 같은 IT산업의 거부도 있습니다. 그는 왜 이런 일을 하고 있을까요? 화석 연료로 직접 이익을 얻는 사람도 아닌데 말이지요. 이유는 기후 위기는 심각한데 현실적으로 화석 연료 사용을 줄이는 게 어렵다고 보기 때문입니다. 사람들이, 사회가 바뀔 거라고 믿지 않는 거예요.

하지만 더 믿을 수 없는 건 오히려 '지구 공학'입니다. 아까 화산이 폭발했을 때 지구 온도가 낮아졌다고 말씀드렸죠? 하지만 그게 끝일까요? 당시 피나투보 화산이 폭발하여 성층권에서 햇빛을 가리면서 지구 온도를 낮추는 동시에, 전 세계 기상 시스템을 뒤틀어 놓아서 세계 곳곳에서 가뭄, 홍수 등이 발생했고 많은 사람이 고난을 겪었습니다. 과학자들은 성층권에 인위적으로 그늘막을 만들었을 때 어떤 일이 벌어질지 자세히 알고 있지 못합니다. 복잡한 기상 시스템에 대해서 우리가 모르는 것이 아직도 많은데, 덜컥 이런 일을 벌여야 할지 의문입니다.

또 요즘 자주 이야기되는 것이 탄소 포집·저장 기술이지요. 미세 먼지 잡듯이 석탄 발전소 굴뚝에서 나오는 이산화탄소를 붙잡아다 땅에 묻겠다는 겁니다. 저는 어떻게든 포집을 했다 하더라도 정말 계속해서 묻어둘 수 있을지 궁금해요. 이산화탄소를 수백, 수천 년 동안 안정적으로 저장할 수 있는 시설을 만들 수 있을까? 만에 하나 저장해 둔 이산화탄소가 유출되어 다시 대기로 흩어지는 날엔 어떤 일이 생길까? 그런 의문이 있는 거죠. 현실적으로도 너무 비용이 많이 들어서 상용화될 수 있을지도 의구심이 드는 기술입니다.

또 대기 중 이산화탄소를 흡수하겠다는 계획도 있어요. 중·고등학교 때 배운 것처럼, 나무는 광합성 작용으로 성장하면서 이산화탄소를 빨아들이잖아요. 그래서 숲을 늘리면 대기 중 이산화탄소 농도를 낮출 수 있다는 거예요. 너무 당연해서 이상할 정도입니다. 그건 환경 단체나 시민들이 끊임없이 주장해 왔던 거잖아요. 그런데 한쪽에서는 계속 이산화탄소를 배출하면서 다른 한쪽에서 숲을 늘린다는 것이 이상합니다. 계속 배출하기 위한 핑계가 되지는 않을까요? 또한 대체 그 숲을 얼마나 늘려야지 기왕에 배출한 것까지 빨아들일 수 있을까요? 이산화탄소를 빨아들일 숲을 조성하면서 식량 생산을 위한 농지를 위협하지 않을까 걱정입니다. 이산화탄소를 빨아들일 것이냐, 식량을 생산할 것이냐, 이런 딜레마에 빠질 수도 있습니다.

근본적으로 온실가스 배출을 감축하지 않고서, 계속 확장되는 소비 규모를 줄이지 않고서, 결국 불평등을 해결하지 않은 상태에서 이런 편법들이 대안이 될 수 없다는 걸 여러분도 알 수 있을 겁니다. 최근 들어서 '체제 전환'이라고 하는 슬로건이 등장하는 이유도 이 때문입니다. 기후 위기를 극복하려면 자본주의 경제 체제를 넘어서야 한다는 거예요. 급진적으로 들릴 수도 있습니다. 그만큼 절박한 상황이고 자본주의를 넘어서기 위한 대안이 절실하기 때문입니다.

그런데 누군가는 경제 성장을 계속하면서 기후 위기를 해결할 수 있다고 믿으며 '녹색 성장'을 이야기합니다. 지금의 시스템을 유지하면서 기후 위기를 안정시킬 수 있다는 거예요. 유럽을 그 증거로 생각하죠. 실제로 유럽은 1990년을 기점으로 했을 때, 지속적으로 경제 성장을 이루어 왔습니다. 그러면서 같은 시기 동안 온실가스 배출량은 떨어뜨렸죠. 딱 이 사실만 놓고 보면 세상에 이보다 좋은 결과가 없어요. 과거 화석 연료를 펑펑 쓰면서 경제 성장을 추진해 온 방식에서 탈피해 새로운 전망을 보여 준 결과이니까요. 그야말로 '녹색 성장'의 전형이라고 할 수 있습니다.

그런데 여러분, 여기에는 비밀이 하나 숨어 있습니다. 유럽이 자신의 책임을 다른 나라에 떠넘긴 결과라는 거예요. 유럽 국가들은 지금 제조업이 별로 없어요. 그럼 제품들은 어디에서 만들까요? 우리나라나 중국에서 만들어요. 당연히 온실가스도 만든 쪽에서 발생시킵니다. 그러니까 다른 나라에서 배출하여 만들어진 수입품을 쓰기 때문에 자신들의 배출량이 줄어든 것처럼 보일 수 있었던 겁니다.

유럽의 깨끗함은 많은 개발 도상국한테 오염을 떠넘긴 결과입니다. 탄소 제국주의니 탄소 식민주의니 하는 이야기가 나오는 이유입니다. 만약 이런 '오염 떠넘기기'가 없었다면, 유럽이 경제 성장을 하면서도 온실가스를 줄이는 것은 불가능했을지도 모릅니다. 그래서 녹색 성장 전략 자체가 전 지구적으로는 불가능하다는 말씀을 드리고 싶은 거예요. 유럽을 대신해서 온실가스를 배출하는 '세계의 공장' 중국도 '녹색 성장'을 한다면, 지구상의 다른 나라에게 전가하는 것일 테니까 말입니다.

끊임없이 화석 연료를 채굴해서 생산하고 소비하고 폐기하는 사이클이 지구상에서 반복되는 한 기후 위기 극복은 불가능합니다. 일부 지역에서 온실가스를 줄인 것처럼 보여도 지구 전체적으로는 그렇지가 않아요. 학자들의 딜레마도 여기에서 비롯해요. 전 세계 경제 성장률을 2~3% 정도 유지하면서도 온실가스를 줄여서 지구 상승 온도를 1.5도로 유지할 수 있는 방법을 찾고 있으나 애를 먹고 있습니다. 그러다 보니 기형적인 대책이 나오는 거예요. 전 세계

농토를 밀어서 숲을 만든다든지 우주에 인공 그늘막을 만든다든지, 이런 극단적인 시나리오를 검토하고 있는 것입니다.

답은 이미 있습니다. 물질적 생산 자체가 줄어드는 방식, 소위 탈성장이라고 불릴 만한 방식의 시나리오를 개발해야 해요. 경제 성장 이데올로기를 만들어 냈던 자본주의 시스템 자체를 벗어나야 기후 위기 극복이 가능합니다. 또 그래야 전 세계적으로 심화되는 불평등도 해결할 수 있습니다. 이미 많은 학자들이 여기에 동의하고 있어요.

탈성장 연구자들과 활동가들이 코로나19 시국에 선언문을 냈습니다. 지금과 다른 방식의 삶을 추구하지 않으면 지금의 위기, 코로나19보다 더 큰 기후 위기를 해결할 수 없다. 그러면서 몇 가지 아이디어를 제시합니다. 화석 연료 산업을 포기하자. 대신 재생 에너지, 친환경 농업, 돌봄 같은 우리한테 꼭 필요한 산업, 서비스를 확대하자. 그러면 전체적인 물리적 생산량, 소비 자체가 줄어들 가능성이 커질 거라는 얘기를 해요. 노동 재배치를 통해 돌봄 서비스 등을 보편적으로 제공하고, 사유화시키지 말자. 이를 기반으로 사회적 연대를 구축하자는 이야기도 하지요.

아까, 제가 드린 말씀을 다시 환기하자면, 기후 위기의 해결책은 평등이고 이는 탈성장 시스템을 통해 만들어질 수 있다는 겁니다.

구조적인 측면에서 접근하여 현재 자본주의 성장 체제를 어떻게 넘어설 것이냐를 질문하고, 이를 가능케 할 수많은 실험과 도전을 해야 한다는 이야기예요.

기후 위기는 온 인류가 당면한 문제입니다. 개인적인 실천과 더불어 체제 전환을 적극적으로 요구해야 할 시점이에요.

네 번째 이야기

김해동

에너지 전환과 재생 에너지의 조건

김해동 계명대학교 교수

부산대학교 지구과학교육과를 졸업하고
같은 대학에서 기상학 전공으로 석사 학위를 받았다.
짧은 교사 생활을 거쳐 동경 대학 대학원에서
기상학 전공으로 박사 학위를 취득했다.
기상청 기상연구소 연구관을 거쳐 1998년부터
계명대학교 환경학부 교수로 재직하고 있다.
기후 · 환경 분야의 저술과 교육, 그리고 실천 운동으로
에너지 자립 마을 만들기에 뜻을 두고 있다.

안녕하세요, 환경학부에서 학생들을 가르치는 김해동입니다. 에너지 분야 관련해서 2005년부터 한국에너지관리공단의 에너지 사용 심의위원을 맡고 있고 대구 시민햇빛발전소 이사로 활동하고 있어요. 시민들이 투자해서 햇빛 발전소, 태양광 발전소를 설치하는 운동인데요, 우리나라의 제1호 시민햇빛발전소는 2008년 대구에 설치한 발전소입니다.

국제에너지기구로부터 대구와 광주가 '국제 솔라시티'로 지정받았는데, 제가 대구 경북 지역 솔라시티 위원회 대표도 맡고 있어요. 우리나라 재생 에너지 발전 역사를 함께 해왔다고 자부하고 있습니다.

'가을장마'가 위험한 이유

보통 많은 분이 우리나라의 기후 위기 하면 폭염 피해를 떠올립니다. 그렇지만 누군가 저에게 우리나라에 나타나고 있는 대표적인 기후 위기 현상이 무엇이냐고 묻는다면 '가을장마'에 이은 태풍이라고 답할 것입니다. 그런데 이 '가을장마'가 우리나라에서 통용되는 공식 용어는 아니에요. 일반 시민들에겐 낯설지 않겠지만, 기상청에서는 '가을장마'라는 용어가 아니라 '2차 장마'라는 용어를 사용하는 경우가 많습니다.

옛날 어른들이 말씀하기를 제아무리 더운 여름도 말복이 지나면 한풀 꺾인다고 했습니다. 신기하게 그 말이 맞아떨어질 때가 많았지요. 전공자로서 그 이유를 생각해 보면 다음과 같습니다. 2022년에 양력으로 말복이 8월 15일이었는데요. 보통 우리나라 여름을 지배하는 북태평양 고기압은 광복절이 오기 전에 일본 남쪽 바다 쪽으로 후퇴했습니다. 그래서 교과서에서 태풍의 계절별 진로를 설명하기를 6월은 중국으로, 7월은 한반도의 서해안, 8월 이후로는 남쪽 먼바다나 일본 열도 쪽으로 가는 그림을 제시하고 있습니다. 말복이 지나면 북태평양 고기압 세력이 남쪽으로 후퇴하고 태풍은 이 고기압의 가장자리를 따라서 이동해 가기 때문이에요. 그런데 말복이 지나면 우리나라를 지배하던 북태평양 고기압도 남쪽으로 내려간다는 이런 공식이 이제는 깨져 버렸습니다. 늦더위가 지속되는 거예요. 그러다 말복이 지나면 북쪽에서 형성된 찬 공기와 딱 마주칩니다. 그게 바로 가을장마 전선이에요. 예전에는 가을장마의 활동은 주로 일본 쪽에서 활발했고 우리나라에 큰 영향을 주는 경우는 별로 없었습니다.

북태평양 고기압은 아열대 기단으로 온도가 높습니다. 반대로 북쪽에서 내려오는 공기는 차갑지요. 공기는 뜨거워지면 분자 운동이 활발해져서 밀도가 낮아집니다. 반대로 차가우면 수축되어 밀도가 높아지고요. 이러한 두 기단 사이에서 생기는 기압 차이로 두 기단의 경계 지점 상공에서 제트 기류(jet stream)가 발달합니다. 물이든 공기든 속도가 빨라지면 압력은 반대로 낮아져요. 바로 '베르누이 원리'죠. 제트 기류가 발달하면서 주변 공기를 빨아들이면서 만들어지는 게 바로 장마 전선입니다. 가을철 폭우와 태풍 피해는 한반도에 다가온 기후 위기의 문제로 보아야 합니다. 그만큼 우리 일상과 가까워지고 있는 거예요.

오늘은 기후 위기와 관련하여 화석 연료의 의미에 대해 말씀드릴 거예요. 이어서 에너지 전환 문제와 재생 에너지에 대해 이야기해 보고자 합니다. 먼저 화석 연료 이야기를 해볼까요?

우리의 직계 조상이랄 수 있는 호모사피엔스가 지구상에 등장한 게 약 20만 년 전입니다. 지질 조사를 해보면 약 기원전 4만 년 이후부터 인구가 급격히 늘어서 500만 명 수준이 됩니다. 이 수는 약 3만 년 동안 지속되었어요. 그러고 나선 더 이상 증가하지 않습니다. 500만 명까지는 빠르게 늘었지만, 그 후로는 변동이 거의 없었어요. 이걸 '1차 인구 한계선'이라고 얘기합니다. 왜 그랬을까요? 학자들은 그 이유를 '한정된 자원'으로 봅니다. 당시는 수렵 채취의 시대잖아요. 자연 상태에서 먹을 걸 구하다 보니 한계가 있었던 겁니다. 여러분 한번 생각해 보세요. 우리가 수렵 채취로 살아간다면 서울 인구가 몇 명이나 될 수 있을까요? 산과 강에서 구할 수 있는 먹거리로 몇 명이나 생존할 수 있을까요?

기원전 1만 년까지 호모사피엔스는 500만 명 정도의 인구를 유지합니다. 그러다 소빙하기가 찾아와요. 위기를 느낀 인류는 가만히 앉아서 멸종을 기다리는 대신, 동물을 잡아다가 가축으로 키우고 자연에서 씨앗을 채취해 키우는 시도를 합니다. 이때 터득한 농업 기술로 인구가 확 늘어납니다. 기원 전후로 3억 명에 이르러요. 그 후로도 한참 동안, 산업 혁명 이전까지 이 인구수를 계속 유지하지요. 이것을 '2차 인구 한계선'이라고 합니다.

제임스 러브록이 쓴 『가이아의 복수』라는 책에 보면 석유 문명,

즉 화석 연료의 도움 없이 지구에서 살 수 있는 한계 인구를 약 5억 명 정도로 잡아요. 앞서 산업 혁명 이전 인구 3억 명에 기술 발달 수준을 고려한 추정치입니다. 그러다가 18세기 중반 산업 혁명이 일어나지요? 그러고 나서 불과 250여 년 만에 세계 인구는 3억에서 80억으로 늘어납니다. 순전히 석유 문명의 도움인 거죠. 밥 먹고, 고기를 먹고 산다고 생각할지 모르지만, 그것도 사실은 모습을 바꾼 석유일 뿐입니다. 화석 연료의 도움 없이 지금과 같은 농축산물 생산은 불가능해요. 그래서 우리가 '에너지 전환'을 한다는 얘기는 지금 우리가 먹는 쌀과 고기 등을 새로운 방식으로 생산된 먹거리로 대체한다는 뜻입니다.

여러분, 이게 가능할까요? 어렵겠죠. 많은 사람이 고민하는 이유도 거기에 있습니다. 전 세계가 기후 위기에 대처하고자 2015년에 파리 협정을 만들었습니다. 2030년까지 1990년 대비 화석 연료 에너지 사용량, 탄소 배출량을 절반 이상 줄이기로 했어요. 그다음에 2050년 정도 되면 넷 제로(net zero), 즉 자연의 탄소 흡수 범위 내로 배출량을 줄인다는 계획입니다. 지금 사용량을 60% 정도 줄이면 되죠. 현재 우리가 탄소를 연간 9기가톤(Gt, 10억 톤)가량 배출하고, 자연이 5기가톤을 제거시켜 줍니다. 그래서 연간 4기가톤이 적체되고 있거든요. 2050년 이후로 마이너스 수치, 그러니까 자연이 제거시켜 주는 것보다도 더 적게 배출을 하자, 그러면서 대기 중 탄소를 줄여 나가자는 게 파리 협정의 목표입니다.

2019년에 에너지경제연구원이 국제에너지기구(IEA)와 공동으로 연구 보고서를 냈습니다. 여기서 '에너지원별 장기 수요 전망'이라는 표를 보면요. 석탄, 석유, 가스, 원자력, 수력, 바이오, 기타 신재생으로 나누어 2040년까지 수요 변화를 추정하고 있습니다. 결과만 놓고 보면 2040년이 되어도 화석 연료 소비량은 계속 증가합니다. 2040년 화석 연료 비중도 74%나 돼요. 이 보고서를 작성할 당시의 최신 자료인 2017년 수치와 거의 차이가 없어요.

이런 보고서를 보고 있으면 우리가 정말 기후 위기를 극복할 수 있을까라는 회의가 들지 않을 수 없습니다. 혁명적인 변화가 없고서는 불가능하다는 걸 알 수 있죠. 그래서 유럽 쪽은 기후 위기 관련 시위가 매우 극렬합니다. 그만큼 위기의식이 팽배해요. 영국만 해도 정치인들이 이 문제에 소극적이다 보니, 그러면 우리가 직접 입법하겠다, 그러니 입법권을 달라, 이렇게 투쟁해요. 의원들이 선거 때는 기후 위기 해결하겠다고 하고는 막상 당선되면 나 몰라라 한다는 거예요. 우리나라에도 '기후위기 비상행동'이라는 조직이 있습니다.

탄소 배출의 인류사

지구 역사를 45억 년이라고 했을 때 이를 지질 시대로 구분하면 선캄브리아기-고생대-중생대-신생대 이렇습니다. 약 5억 7000만 년부터 고생대가 시작되는데요, 그 전 시기인 선캄브리아기는 화석이 거의 없어서 당시 지구 환경이 어떤지 잘 모릅니다. 그러니까 지구 대부분의 역사에 대해 우리는 잘 몰라요. 고생대 이후나 겨우 알 수가 있지요.

학자들이 연구를 해보니까, 온도가 올라갔다 내려갔다 하면서도 평균 온도가 약 25도쯤 됩니다. 14.3도인 지금보다 훨씬 높았던 거예요. 이게 지구 역사 대부분의 온도였습니다. 고온기와 저온기가 되풀이해서 나타나는데 고온기가 굉장히 길게 나타나고, 중간에 잠시 저온기가 나타납니다. 그때가 바로 빙하기인 거죠. 그 기준은 지구상에 만년설의 존재 여부입니다. 만년설이 있으면 빙하기, 없으면 온난기라고 해요. 지금도 사실은 빙하기인데, 그중에서도 온도가 높은 간빙기라고 봅니다. 지구 역사 전체로 보면 온도가 낮은 시기입니다. 그 덕분에 인류가 지금처럼 생활할 수 있는 거고요.

우리가 탄소 배출을 줄이고, 지구 환경을 지키고, 엄청나게 모범적으로 살아도 인간은 지구 역사에서 잠시 나타났다가 사라지는 간빙기와 함께할 수밖에 없는 운명이에요. 인간뿐 아니라 지구상에서 번성하는 동식물이 다 그렇죠. 그나마 이 짧은 시기를 못 참아서 인간이 인위적으로 지구 온도를 올려 버렸어요. 금세기 말이 되면 6도 이상 올라갈 거로 예상하고 있습니다. 그러면 인간을 포함한 지구 생태계는 살아갈 수가 없어요. 기후 위기는 인간이 만든 재앙입니다. 지구 윤리학적 문제라고 볼 수 있는 거예요. 지구상에는 엄청나게 많은 생물종이 있는데 인간이 그들을 멸종으로 이끌어 가고 있잖아요.

그러면 인간이 얼마나 많은 탄소를 배출했을까요? 지난 80만 년간 대기 중 이산화탄소 농도를 분석해 보니까, 그래프가 높아졌다 낮아졌다 해요. 대략 10만 년을 주기로 대기 중 온실가스 농도가 변화를 했고, 그에 따라서 지구 온도도 상승과 하강을 되풀이했습니다. 인간이 탄소를 배출하지 않아도 자연 상태에서 농도가 올라갔다 낮아졌다 했다는 뜻입니다.

인류가 없던 시기 이산화탄소 농도가 올라간 이유는 무엇일까요?

지구는 거대한 판으로 구성되어 있습니다. 여섯 개의 판이 계속 떠다녀요. 과거에는 하나의 거대 대륙을 형성했다가 떨어져 나왔다가 뭉치기를 반복했습니다. 대륙 운동이 활발할 때는 화산 활동이 빈번해집니다. 바로 이것이 대기 중 이산화탄소 농도를 높이게 돼요. 지구 온도도 함께 상승하면서 온난기가 찾아옵니다. 그러면 이산화탄소 농도가 다시 줄어듭니다. 이유는 풍화와 침식 작용이에요. 여러분 교과서에서 배웠죠? 암석이 풍화, 침식되면서 대기 중 이산화탄소를 가져가요. 이런 과정이 되풀이되면서 지구 온도는 올라갔다 내려가기를 주기적으로 반복합니다.

'지구 온난화 개념'이 생긴 건 매우 최근의 일이에요. 제가 대학에 다니던 1980년대 초만 해도 온난화는커녕 빙하기가 이슈였어요. 실제로 1937년경부터 1980년대 초반까지 지구 온도가 계속 떨어지고 있었거든요. 그런데 1980년대 중반이 지나면서부터 지구 온도가 막 올라가요. 그러면서 기후학자들이 지구 온난화 문제를 꺼내기 시작해요. 그렇지만 사람들은 귓등으로 흘려 버립니다. '얼마 전까지만 해도 빙하기가 올 거라더니 웬 온난화?' 이랬던 거예요.

지구 온난화를 경고했던 저명한 학자 중에 제임스 한센(J. Hansen)이 있습니다. 이분은 1988년도에 미국 상원에 가서 기후 위기를 증언하면서 유명해집니다. 이를 계기로 '기후 변화에 관한 정부 간 협의체(IPCC)'가 만들어져요. 당시 의회 증언대에 서게 된 이유는 1981년도에 〈사이언스〉에 발표한 여섯 장짜리 논문 때문이었습니다. 여기서 대기 중 이산화탄소가 지금보다 두 배로 증가하면 어떤

<베수비오 화산의 분화>,
아쉴 에트나 미샬롱, 18세기경.
서기 79년 로마 제국의 도시 폼페이를
멸망시킨 베수비오 화산의 폭발 모습.

"대륙 운동이 활발할 때는 화산 활동이 빈번해집니다.
바로 이것이 대기 중 이산화탄소 농도를 높이게 돼요.
지구 온도도 함께 상승하면서 온난기가 찾아옵니다.
그러면 이산화탄소 농도가 다시 줄어듭니다.
이유는 풍화와 침식 작용이에요."

일이 벌어질지 예측해요. 집중 호우와 가뭄, 해수면 상승으로 인한 해안 침식 등 지구 온도 상승으로 인한 재난 등을 언급합니다. 그 전만 해도 사람들이 지구 온도 상승에 별로 관심이 없었어요. 1900년대까지만 하더라도 1400년대 전부터 시작된 긴 소빙하기, 이것이 전 세계적으로 나타났습니다. 그래서 우리나라를 비롯해 여러 나라 사람들이 고통을 받았어요. 그래서 과학자들은 또 소빙하기가 출현할까 봐 온통 거기에 신경을 집중하고 있었습니다. 그런 가운데 이산화탄소 문제, 지구 온난화 문제가 서서히 우리에게 다가왔던 거죠.

스반테 아레니우스라는 학자가 있어요. 스웨덴 사람으로 1903년에 노벨 화학상을 수상했지요. 이 사람이 1896년에 논문을 발표해요. 수학적으로 계산을 해보니까 이 사람이 살던 19세기보다 이산화탄소 농도가 두 배가 증가하면 지구 온도가 5도 더 올라가요. 그러면서 지구가 따뜻해지면 얼음이 녹아 농토도 넓어지고, 일할 시간도 많아지니 더 좋은 세상이 올 수 있다고 해요. 지구 온난화의 메커니즘을 알고 있었지만 기대 효과는 우리와 다르게 판단했습니다. 당시에는 지구가 추워질까 봐 걱정했기 때문이에요.

지구 온난화 관련해서 우리가 잘못 알고 있는 부분이, 자연 복원력입니다. 고무줄을 잡아당겼다 놓으면 제자리로 돌아가잖아요.

그것처럼 지구 환경도 복원력이 있다고 주장하는 사람들이 있습니다. 하지만 지금은 너무 잡아당겨서 끊길 지경이라는 점을 이해해야 합니다. 그러면 제 위치로 영영 못 돌아가요. 이럴 때 우리는 '안정성을 잃었다'고 표현합니다.

지구가 복원력이 좋은 상태, 즉 웬만한 외력에도 안정화 상태를 유지할 수 있는 수준이라면 우리가 걱정할 필요가 없습니다. 화석 연료 실컷 쓰다가 언젠가는 동이 나겠죠? 그때까지 버틸 수 있으면 괜찮아요. 하지만 지금의 지구는 복원력 상실 직전 상태예요. 여기서 약간만 더 가면 못 돌아옵니다. 그래서 남겨진 시간을 6~7년이라고 말하잖아요.

우리나라 기초과학연구원(IBS)에서 과거 200만 년 동안의 기후 환경을 복원해 그에 따른 지역별 인구 분포를 조사한 연구 결과를 〈네이처〉에 발표했습니다. 기후 위기를 못 막으면 인류 대이동이 불가피하다고 주장해요. 사람이 살 수 있는 땅이 점점 줄어들잖아요. 그런데 이것도 쉬운 일은 아닙니다. 왜냐하면 외부인이 자기 땅에 들어와서 사는 걸 쉽게 허락할 리가 없잖아요. 분쟁이 생길 수밖에 없습니다.

전 세계에서 기후 위기에 취약한 지역을 1등부터 25등까지 순위를 매겨보니까, 그중 13개 지역이 내란 상태입니다. 난민이 많이 생겼죠. 이 사람들 지금 다른 나라에는 못 들어가고 있습니다. 독일처럼 잘 받아 주는 나라도 있지만 대부분 소극적입니다. 우리나라만 해도 2018년에 제주도로 예멘 사람 500명이 난민 신청을 해왔을 때 반대 여론이 상당했어요. 그러니까, 생각만큼 이동이 쉽지 않아요.

그럼 계속해서, 아레니우스 이후에 어떤 일이 있었는지 한번 보죠. 1938년이 되었을 때, 스튜어트 캘린더라는 사람이 영국 기상학회에 논문을 하나 발표합니다. 탄소 배출의 위험성을 경고하면서 지구 온난화는 결코 좋은 일이 아니며 오히려 엄청난 재앙이라고 쓴 거예요. 이때부터 인식이 180도 바뀝니다. 과학자들이 정밀한 기상 관측을 시작하지요. 대기와 해양 지질 등을 연구해서 데이터를 수집해요. 이런 일들이 1957~1958년 사이에 이루어지는데 그 계기가 바로 스튜어트 캘린더의 논문이었어요. 특이하게도 이분은 정규 교육 과정을 거치지 않은 전기 기관차 수리공 출신이에요. 기존 틀에서 자유로울 수 있었기에 온난화 문제를 제대로 볼 수 있었던 겁니다.

그러다가 1965년 마나베 슈쿠로라는 학자가 처음으로 대기 대순환 모델을 만들어서 온실가스 증가가 지구 온도를 어떻게 변화시키는지 보여 줍니다. 그는 2021년에 기상학자로서는 처음으로 노벨 물리학상을 받았습니다. 그만큼 기후 위기 문제가 심각하다는 것을 인정한 거죠.

미나베의 논문이 발표된 지 23년 후인 1988년 미국 상원 청문회에서 한 과학자가 역사적인 증언을 합니다. 주인공은 바로 제임스 한센이에요. 청문회장에서 그동안의 관측한 데이터를 토대로 시뮬레이션 한 결과를 보여 줍니다. 1980년도부터 금세기 말까지 이대로 가면 지구 온도가 어떻게 변하는지를 설명해요. "그러면 어떻게 해야 합니까?" 듣고 있던 의원이 묻습니다.

한센은 "우리가 경제 성장에 대한 집착을 버려야 합니다"라고 짧게 대답합니다. 사람들이 큰 충격을 받아요. 자본주의를 포기하자는 말이나 다름없었으니까요. 미국 의회에서 이런 발언이 나왔다는 것은 매우 상징적입니다. 여러분, 산업 자본주의는 '성장'으로 유지됩니다. 쓸모없는 물건이라도 만들어서 자꾸 소비를 해야 되는 시스템이에요. 이게 멈추면 기업이 문을 닫고 실업자가 발생해요. 소비가 위축되고 이는 다시 불황으로 이어집니다. 그래서 코로나19 확산으로 경기가 둔화되었을 때 전 세계에서 돈을 뿌렸잖아요. 우리나라도 재난 지원금을 지급했습니다. 그 이유가 뭡니까? 물건 사라는 얘기거든요. 소비를 해야 돌아가는 시스템, 그게 산업 자본주의가 한계예요. 이걸 멈추지 않으면 지구 환경 보전, 온난화 문제는 해결할 수 없습니다. 한센은 바로 그 점을 지적하고 싶었던 거예요. 그 후 1988년도에 기후 변화에 관한 정부 간 협의체(IPCC)가 들어서고, 1992년도에 유엔 기후 변화 협약(UNFCCC)이 맺어지게 되죠.

그러다 또 한 차례 기후 위기에 대한 인식이 바뀌는데, 예전 오바마 행정부의 과학 기술 정책실장을 역임하기도 했던 존 홀드렌 하버드대 교수가 그 주인공입니다. 그는 2007년 이상 기후가 예측 불가능할 정도로 심각해졌다면서 지구 온난화나 기후 변화가 아니라 '기후 붕괴(destruction)'에 가깝다고 주장합니다. 그래서 오늘날은 '기후 위기(crisis)'라는 표현을 전 세계가 보편적으로 쓰고 있죠.

오늘날 전 세계가 화석 연료 사용을 줄이고자 나라별로 로드맵을 세우고 신기술을 도입하려고 합니다. 그런데 그레타 툰베리 이야기가 뭐예요. 그럴 거면 아예 화석 연료 캐내는 양을 제한하자는 거잖아요. 아예 생산을 하지 말자는 겁니다. 그러면 화석 연료의 국제 가격이 올라갈 테고 자연스레 재생 에너지 수요가 늘겠죠. 하지만 그렇게 안 합니다. 툰베리는 그동안 녹색 성장이니 녹색 기술이니 뭐니 말만 하면서 실제로 무엇이 바뀌었냐고 묻고 있는 겁니다.

미국도 2030년까지 재생 에너지량을 두 배로 늘리겠다는 계획을 갖고 있습니다. 이게 무슨 뜻인가 하면 에너지 사용은 계속 증가할 거고 그중 20%를 재생 에너지로 보충하겠다는 거예요. 당연히 나머지 80%는 화석 연료가 차지합니다. 과연 이렇게 해서 기후 위기를 막을 수 있을까요?

'지속 가능한 개발'의 이면

유엔환경계획(UNEP)에서 매년 한 번씩 지구 환경 보고서를 발표합니다. 그리고 이를 토대로 5년에 한 번씩 종합 보고서를 내지요. 2021년 2월에도 종합 보고서가 나왔는데요. 우선 보고서 제목이 '자연과 평화 맺기(Making Peace with Nature)'입니다. 당시 발표 자리에서 안토니우 구테흐스 사무총장이 이렇게 말해요. "인류는 자연을 과도하게 착취해 왔다." 그 내용을 요약하면 다음과 같습니다.

기후 변화와 환경 오염으로 매년 900만 명의 사망자가 발생하고 또한 매년 100만 종 이상의 동식물이 멸종할 것이다. 식수 오염도 심각해서 약 180만 명의 사망자가 추가로 발생할 것으로 예상된다. 지금도 오염된 물 때문에 다수 이재민이 발생하고 있으며 그중 여성이 80%를 차지하고 있다. 현재 전 세계 13억 인구가 빈곤 상태에 있으며 이 중 약 7억 명은 기아로 허덕이고 있다….

이것이 보고서가 진단한 지구 환경의 현주소입니다. 그래서 앞으로 어떻게 할 것인지 대안을 제시하는데, 핵심은 '지속 가능한 개발(sustainable development)'이에요.

앞서 말씀드렸듯 기후 위기는 경제 성장에 대한 집착에서 비롯합니다. 넘치는 물건을 생산하고 매년 일정 성장률을 달성해야 실업자가 안 생기고 그만큼 또 소비할 수 있잖아요. 정부 차원에서도 이 사이클을 유지해야 정권을 유지할 수 있어요. 우리나라뿐만 아니라 전 세계 모든 나라에 공통으로 적용되는 이야기입니다. 경기가 둔화하고 실업이 넘치면 어느 나라든 정권을 내놓아야 해요. 계속 자전거 페달을 밟을 수밖에 없다는 겁니다.

이런 생산-소비 시스템은 자연 착취로 이어집니다. 물건은 사람이 만든다고 해도 재료는 전부 자연에서 오잖아요. 땅을 파고 숲을 파헤치고 공기를 더럽혀야 합니다. 게다가 모든 상품은 쓰레기가 돼요. 이걸 처리하는 데 엄청난 오염 물질이 발생하죠. 이게 자연정화 한계치를 넘어가면 대기와 물, 토양에 계속해서 쌓입니다. 결국 이렇게 자연을 착취해서 경제가 성장하는 거예요. 보고서도 이런 부분을 언급하고 있는 거고요. 마지막으로 재생 에너지를 강조하면서 자연과 인간의 평화롭고 포용적인 관계를 만들어 가자고 제안하고 있습니다.

지속 가능한 경제를 위해 재생 에너지를 쓰자는 이야기인데요. 그러면 사람들은 "전기료가 오르잖아요?" 하고 묻습니다. 화석 연료를 이용하면 싸게 많은 양의 전기를 생산하니까 더 효율적이지 않느냐는 건데요. 왜 여기에 뒤처리 비용은 언급하지 않는지 모르겠습니다. 화석 연료를 쓰면 지구 온난화가 심해지면서 기후 변화가 생기잖아요. 폭염, 폭우, 가뭄, 한파 등 이러한 재난을 돈으로 따지면 도대체 얼마나 큰 손해를 보고 있는 걸까요? 재생 에너지라고 해서 만병통치약은 아닙니다. 하지만 화석 연료에 비해서는 피해를 덜 준다는 거예요. 그래서 나쁜 에너지를 시장에서 퇴출시키고, 좋은 에너지가 다수를 차지할 수 있도록 하자는 겁니다.

유럽에서 탄소 국경세를 도입하는 논리가 바로 그것입니다. 탄소세, 환경세 등으로 개입하겠다는 이야기입니다. 시장에 맡겨 놨더니 값싼 화석 연료만 쓰게 되고 그러면서 지구 공동체가 위기에 처했잖아요.

우리나라는 탄소 배출 규모가 세계 7~8위권이에요. 그런데 거기에 걸맞은 노력을 하고 있느냐? 저는 우리나라가 현재 정책적으로 유엔 같은 국제기구들의 권고와 다른 방향으로 가고 있다고 봅니다.

교토 의정서는 온실가스 배출량 감축을 강제한 첫 번째 국제 조약인 셈입니다. 1997년 12월에 일본 교토에서 개최된 제3차 유엔 기후 변화 협약 당사국 총회에서 맺어졌습니다. 선진 37개국의 배출량 총량을 1990년 대비 2008년부터 2012년에 걸쳐서 5.2% 줄이는 것이 목표였어요. 이들 37개국(나중에 아르헨티나가 자발적으로 동참하기로 하여 38개국으로 늘어났음)은 의무 감축을 하고, 나머지 당사국들은 성실 감축 의무를 지는 방식이었습니다. 이들 38개국을 선진 국가들이라고 호칭해요. 제1차 유엔 기후 변화 협약 당사국 총회에서 합의했던 대로 산업 혁명 이래로 온실가스 배출량이 많은 나라들이 큰 부담을 지고 그렇지 않은 나라들의 부담은 작게 한다는 원칙(공동의 그러나 차별 있는 책임의 원칙)에 따른 합의였어요.

그런데 선진 38개국이 배출하는 온실가스의 비중은 지구 전체의 약 30%를 차지하고 있었어요. 이 30%에 감축 목표 5.2%를 곱해보면 전 세계의 총 배출량의 1.5%에 불과하다는 사실을 알 수 있어요. 이 양은 기후 위기 대응에 아무런 기여를 못한다고 해도 과언이 아닐 정도로 너무 적은 양에 불과해요. 아울러 의무 감축 대상국에서 빠진 중국, 인도, 브라질, 한국 등의 나라들은 화석 연료 소비량이 가파르게 증가하고 있었어요. 그래서 지구 전체로서는 교토 의정서의 실천과 무관하게 온실가스 배출량은 계속해서 빠르게 증가해 갈 수밖에 없었어요.

그러면 교토 의정서는 왜 모든 회원국의 참여를 강제하지 않았던 걸까요? 그것은 인류 역사상 온실가스 감축을 강제하는 행동을 한 번도 해보지 않았기 때문에 시범 사업이 필요했던 거예요. 일단 교토 의정서와 같이 불완전한 방식으로라도 국제 사회가 온실가스 배출량을 줄이는 체제를 만들어 놓자는 의도였어요. 본격적으로 온실가스를 줄이는 새로운 국제법을 2009년까지 만들어서 교토 의정서의 효력이 끝나는 2012년 이후부터 적용해가기로 국제 사회는 합의했었어요. 이 새로운 국제법에 합의하기로 약속했던 2009년에 덴마크 코펜하겐에서 제15차 유엔 기후 변화 협약 당사국 총회가 열렸을 때 전 세계의 관심이 쏠렸어요. 코펜하겐 회의가 개최되기 전에 열렸던 각종 국제 회의에서 전 세계의 지도자들은 온실가스 배출량을 대폭 줄여 가겠다는 발언을 쏟아내고 있었어요. 그래서 역사적인 합의안이 나올 것으로 큰 기대를 했었던 거예요.

그런데 막상 회의가 개최되자 기후 위기에 대응할 수 있을 만큼 온실가스 배출량을 대폭 줄여가겠다는 나라는 없었어요. 그래서 코펜하겐 회의는 실패로 끝나고 말았고 회원국들은 2020년까지 교토 의정서의 효력을 연장해 두고 추가로 협상을 이어 가기로 합의했어요. 국제 사회가 오랜 협상을 거친 후에 합의안을 만들어 낸 것은 코펜하겐 회의로부터 6년이 지난 2015년 파리에서 열린 제21

차 유엔 기후 변화 협약 당사국 총회였어요. 이 회의에서 파리 협정에 합의를 했고, 파리 협정은2021년부터 온실가스를 줄이는 새로운 국제법으로 발효되었어요.

교토 의정서는 감축 목표 총량을 정한 후에 그 총량을 의무 감축 대상 국가들에게 할당하는 방식을 취했었어요. 이런 방식을 하향식(top-down)이라고 해요. 파리 협정은 교토 의정서와 다르게 기후변화협약에 가입한 당사국들이 자국의 장기적 온실가스 감축 목표량(2030년까지 감축 목표)을 스스로 정해서 사무국에 제출하는 방식을 선택했어요. 이런 방식을 상향식(bottom-up)이라고 불러요. 그래서 각 국가들이 기후변화협약 당사국 사무소에 제출하는 감축 목표량을 INDC((Intended Nationally Determined Contributions ; 자발적 국가 감축 기여분)라고 불러요. 각 국가들은 2015년부터 5년 단위로 수정된 감축 목표량을 제출하게 되고, 기후변화협약 사무국에서는 2020년 제출의 목표량부터 다음 목표량이 제출되는 해까지의 중간 해에 실천이 제대로 이뤄지고 있는지 실사를 하게 돼요.

그런데 각 국가들이 수정된 목표량을 제출할 때에는 그 이전에 제출한 양보다 배출량을 늘리는 것은 허용되지 않아요. 이를 후퇴 불가의 원칙(Principle of progressive)이라고 불러요. 현재 우리나라 정부는 문재인 정부가 2021년에 제출한 감축 목표량이 너무 과도하다고 하면서 재협상을 해야 한다고 말하기도 하는데, 그것은 파리 협정이 정하고 있는 후퇴 불가의 원칙 조항에 무지해서 나오는 말이라고 생각해요.

지금까지 제출한 우리나라의 INDC는 다음과 같아요. 2015년에 박근혜 정부가 제출한 1차 목표량은 2030년 배출 전망치(Business As Usual, BAU)인 8억 5000만 톤 대비 37% 감축한 5억 3600만 톤이었어요. 그리고 2021년에 문재인 정부가 제출한 2차 목표량은 2030년 온실가스 배출량을 2018년 배출량 대비 40%를 줄인 4억 3600만 톤으로 감축하는 거예요. 이 양도 국제 사회의 요구엔 부족한 실정이라 2025년경에 다시 제출해야 할 3차 목표량은 더욱 강화되어야 할 것으로 예상해요.

유럽 연합 시나리오—자유 무역 시대의 종말

여러분, 요즘 'Renewable Energy 100', 즉 'RE100'이 화제죠? 국제 글로벌 기업들이 영업 활동에 필요한 모든 에너지를 2050년까지 재생 에너지로 전환하겠다, 2030년까지는 85%를 전환하겠다고 선언합니다. 만약 우리 기업이 미국 자동차 회사에 배터리를 공급한다고 했을 때, 이 배터리를 재생 에너지로 만들어야 한다는 뜻이에요. 그런데 우리나라는 재생 에너지 비율이 낮습니다. 기업 입장에서 만약 미국 자동차 회사의 기준에 못 맞추면 어떻게 하죠? 재생 에너지를 사 오거나 공급이 원활한 외국으로 나갈 수밖에 없습니다.

그래서 전 세계가 초점을 맞추고 있는 시기가 바로 2030년입니다. 기후 위기에 대응하려면 최소한 그때까지는 의미 있는 감축을 이루어 내야 하는 거예요. 그래서 유럽 연합이 제시한 시나리오가 '핏포55(Fit for 55)'입니다.

지금 전 세계가 목표로 하는 '1.5도 시나리오'에서 중요한 것은 목표 연도인 2050년이 아니라 2030년까지의 실천입니다. 그래서 파리 협정에서 요구하고 있는 것도 2030년 목표치예요. 파리 협정은 전 세계의 약속입니다. 그 안에는 후퇴할 수 없는 원칙이라는 게 있어요. 2030년까지 온실가스를 얼마만큼 줄이자, 이게 최저선이거든요. 그럼 딱 그만큼만 줄이면 되느냐? 그게 아닙니다. 한 해가 지나면 또다시 강화된 안을 제출하는 식이에요. 그러니까 지난번에 무리했으니까 이번에는 좀 더 배출하겠다는 얘기는 말도 안 되는 거예요. 더 많이 줄이는 안을 제출해야지, 후퇴한 안은 아예 받아 주지를 않아요. 유럽 연합이 제시한 '핏포55'의 핵심은 2010년

대비 온실가스 배출량을 55% 수준으로 절감한다는 거예요.

그다음으로 우리가 눈여겨보아야 할 게 있는데요. 바로 '기후 기금' 조성입니다. '핏포55'는 에너지, 수송, 건축물, 토지 이용 등과 관련한 법안 12개를 마련하고, 기후 기금 조성을 통해 지원 대책을 마련한다고 되어 있어요. 이게 무슨 말일까요? 우리가 온실가스를 줄이려면 화석 에너지 사용을 줄여야 합니다. 그래서 내연 기관을 없앤 전기 자동차를 만들죠. 그런데 이때 일자리를 잃는 사람들이 생겨요. 당연히 기존 산업에 종사하는 사람들은 이런 계획에 반대를 할 겁니다. 그래서 이런 분들의 동의를 얻기 위해서 기금을 조성한다는 계획이에요. 그 돈으로 새로운 일자리를 만들고 그게 어려우면 직접 지원합니다. 어쨌든 기존 사업 종사자가 길거리에 나앉지 않도록 한다는 거죠. 이를 다른 말로 '정의로운 전환'이라고 합니다. 기후 위기 대처가 결국은 다 함께 잘살자는 건데, 일방적인 희생을 강요해서는 안 되겠죠.

세 번째로 말씀드릴 게 탄소 배출권 거래 제도(ETS)의 강화입니다. 탄소 배출권 거래 제도란 모든 산업체에다가 일정량의 탄소 배출권을 주고 이걸 거래하도록 허용하는 것입니다. 그러니까 탄소 배출을 줄인 쪽은 남은 배출권을 시장에 팔 수 있어요. 배출을 많이 하는 기업은 시장에서 구입할 수 있고요. 정부가 이렇게 확보한 자금으로 정의로운 전환에 필요한 기금을 조성하겠다는 게 유럽 연합의 시나리오입니다.

'탄소 국경세'도 '핏포55'에서 빼놓을 수 없는 부분입니다. 도대체 왜 이런 관세 정책을 만들었느냐? 유럽 연합은 다음과 같이 설명합니다. 배출권 거래 제도가 버거운 기업은 유럽 연합을 벗어나려 할 겁니다. 당연하죠. 돈이 많이 드니까요. 기업들은 규제 없는 나라로 가서 탄소를 더 많이 배출할 거고 그러면 기후 위기는 더 심해지겠죠. 이런 행동을 방지하려는 겁니다. 그래서 유럽 연합 이외의 국가에서 탄소를 많이 배출해 가며 값싸게 만든 물건에 관세를 매기기로 합니다. 안 그러면 바깥에서 물건을 만든 사람이 가격 경쟁에서 유리해지잖아요. 이건 안 된다는 거죠.

만약 우리나라의 포스코가 일정 수준 이상의 탄소를 배출해서 만든 물건을 유럽에 팔려면 탄소세를 내야 해요. 매해 5월 31일이 되면 수입업자가 신고하게 돼 있어요. 기준에 못 미치는 물건은 수입업자가 탄소세를 대납합니다. 물론 그 비용은 포스코에 청구하겠죠. 2023년부터 유럽 연합은 이 제도가 시행됩니다. 처음부터 세금을 징수하는 건 아니고요. 유예 기간을 두다가 2025년부터 부과할 예정이에요. 탄소를 가장 많이 배출하는 철강, 알루미늄, 시멘트, 비료, 전력 등에서 먼저 시작하고 점차 대상을 확대할 계획입니다.

다음으로 살펴 볼 것이, 운송 부문의 온실가스 감축안인데요. 2035년까지 하이브리드카를 포함해서 내연 기관차 출시 금지라고 되어 있습니다. 그런데 최근에 유럽 연합에서 전기 자동차 도입 시기를 완화하기로 했다는 얘기가 나오더라고요. 아마 전기 생산에 들어가는 화석 에너지 때문이 아닌가 합니다. 실제로 어떤 전기냐에 따라 그 효과가 차이가 많이 나요.

우리나라 전기 차 이용 실태를 조사해 보니까 평균적으로 내연 기관차 이용자보다 전기 차 이용자가 주행 거리가 많습니다. 아이오닉 전기 차를 기준으로 1년에 2만 5000킬로미터 정도 탑니다. 전기를 한 달에 약 388킬로와트를 사용해요. 그런데 전기 1킬로와트 만드는 데 약 840그램의 이산화탄소가 나옵니다. 천연가스로 만들면 420그램이 나오고요. 그래서 제가 계산을 쭉 해보니까 결과적으로는 아이오닉 전기 차를 쓰는 사람이 평균적으로 1년 동안 배출하는 이산화탄소량이 2.5톤이 나옵니다. 반면에 내연 기관차인 아반떼를 1년 동안 1만 킬로미터를 탄다면 약 1.3톤의 이산화탄소를 배출해요.

결과적으로 지금 우리나라 실정에서는 전기 차를 타는 사람이 내연 차 타는 사람보다 배출량이 더 많아요. 그래서 탄소 배출량을 줄이려면 재생 에너지를 쓰는 전기 차여야 하는 거예요. 수소 차도 마찬가지입니다. 연료인 수소에도 종류가 있어요. 재생 에너지인 태양광, 풍력을 이용해서 물 분해를 해서 나온 수소는 '그린 수소'라고 합니다. 이걸 사용하면 당연히 이산화탄소 배출을 줄일 수 있어요. 그런데 부생 수소라고 해서 석유 화학물이나 철강 등의 생산 과정에서 발생하는 수소를 많이 써요. 이건 따로 설비를 만들 필요가 없기 때문에 생산 단가가 낮습니다. 1킬로그램을 얻는 도중에 이산화탄소가 10킬로그램을 배출해요.

지금 상태라면 수소를 쓰면 쓸수록 탄소 배출이 늘어요. 그럼에도 전기 차와 수소 차를 키우는 건 일단 시장을 만들자는 차원이에요. 그다음에 재생 에너지 비율을 높이려는 겁니다. 그래서 우리 정책의 면면을 보면 기후 변화 대응이라기보다는 관련 산업 키우기의 측면이 커요. 국민들이 눈을 부릅뜨고 감시하면서 영국 시민들처럼 의회에 가서 입법권을 요구해야 할 지경입니다.

다시 '핏포55' 이야기로 돌아오면, 수송에서는 내연 기관 금지가 있었고요. 그다음에 항공 산업 같은 경우에는 기본 배출권을 안 주기로 합니다. 지금 상태에서 운행하려면 무조건 전부 다 배출권을 사 와야겠죠. 그런 데다가 유럽으로 향하는 모든 항공기에 지속 가능한 항공 연료 혼합을 의무화합니다. 예를 들어 바이오 연료 같은 게 여기에 속하는데요, 이런 연료는 값이 세 배나 비싸요. 기업 입장에서는 방법을 찾아야 할 겁니다. 그다음에, 항구에 배 들어오는 배가 있잖아요. 이건 총량을 딱 정합니다. 이제 세계 여러 나라 물건을 대량으로 실어 나르던 '자유 무역'의 시대가 끝나가는 거죠. 지금껏 경험하지 못한 그런 시대가 다가오고 있습니다.

한국 재생 에너지 정책의 나아갈 길

지금껏 유럽 연합의 정책을 중심으로 세계적 기후 위기 대응 상황을 살펴보았는데요. 그럼 우리는 어떻게 대처할 것인가? 우리나라 경제는 전적으로 탄소에 의존하고 있습니다. 재생 에너지 비율이 매우 낮아요.

2015년 기준으로 경제개발협력기구(OECD) 국가들 중에 우리나라가 압도적으로 꼴등입니다. 6.8%인데 이 수치도 쓰레기 소각 에너지를 반영했을 때이고 태양광, 풍력 이 두 가지만 넣으면 3.4% 정도 된다고 합니다. 그래서 'RE100'이나 '핏포55' 같은 국제 기준을 충족시키려면 갈 길이 멀어요. 기업들 입장에서는 발등에 불이 떨어진 셈입니다. 불과 몇 년 후면 관세가 붙기 시작할 테니까요. 지금 상황이라면 우리 기업들이 재생 에너지가 풍족한 나라로 이

전할 수밖에 없어요.

예를 들어 석유 수출국인 사우디아라비아는 무함마드 빈 살만 왕세자 주도하에 태양광 사업을 대대적으로 펼치고 있어요. 광대한 사막에 태양광 패널을 깔아서 전기를 생산합니다. 그 나라는 일조량이 많아서 우리나라보다 2.5배 정도 많은 전기를 생산할 수 있어요. 여기서 끝이 아니에요. 홍해 바다의 바닷물로 그린 수소를 생산하겠다고 합니다. 광대한 땅에서 나오는 재생 에너지로 수출을 하고 해외 기업을 유치하겠다는 전략입니다. 석유의 시대가 저문다는 걸 알고 국가 차원에서 재생 에너지 생산으로 방향을 바꾼 거죠.

냉정하게 들여다보면 지금까지 우리나라는 석탄과 원전으로 값싸고 질 좋은 전기를 만들었습니다. 가격이 저렴하니 기업도 좋아했습니다. 외국과는 비교할 수 없을 정도로 메리트가 있었어요. 일본 기업들이 한국에 진출할 때 "왜 중국이 아니고 한국이냐?"는 질문에 중국은 인건비는 싼데 에너지 품질이 낮고 비싸다고 답했다는 얘기도 있어요. 그만큼 대한민국의 에너지는 경쟁력이 있었습니다. 그래서 외국 기업이 많이 들어왔던 겁니다. 그런데 재생 에너지 시대가 오면 상황이 180도 바뀌죠. 우리나라 국토 환경은 앞서 말씀드린 사우디아라비아는 물론 호주, 미국, 중국 등 땅 넓은 나라들에 비해 불리해요.

일각에서는 원전 확대를 이야기합니다. 그런데 이것도 말이 안 돼요. 유럽 연합이 '그린 택소노미'라는 분류 체계를 세우면서 여기에 천연가스와 원전을 포함하는 바람에 논란이 있었잖아요. 프랑스를 위시해서 서너 나라가 원전을 꼭 집어넣자고 매달린 거예요. 그래서 결국 들어가긴 했는데, 단서가 붙습니다.

첫째 조건은 '사고 저항성 연료'를 써야 한다는 것입니다. 원전에 크롬 코팅 작업을 한답니다. 그렇게 하면 고압으로 폭발할 위험이 100분의 1로 줄어든대요. 원전 지을 때 이렇게 해야 한다는 거고요. 두 번째가 중요한데요. 고준위 방사능 폐기물을 안전하게 처리할 수 있는 방폐장을 마련해야 합니다. 이걸 만족해야 그린 에너지로 한다는 거예요.

사고 저항성 연료는 현재 개발 중이에요. 실재하는 기술이 아닙니다. 미국의 제너럴 일렉트릭(GE) 같은 회사가 2030년을 목표로 개발 중이에요. 우리나라 언론에 자주 등장하는 소형 모듈 원자로(SMR)도 마찬가지예요. 지금 있는 게 아니고 앞으로 개발하겠다는 겁니다. 그리고 고준위 방사능을 안전하게 묻을 수 있는 지반이 있는 나라 자체가 많지 않아요. 스웨덴하고 핀란드 정도가 그나마 실현 가능한 정도입니다. 다른 나라도 그럴 만한 장소를 물색해 왔지만 찾지 못했어요. 우리나라에는 없습니다. 사실상 원전이 그린 에너지가 되기 어렵다는 뜻입니다. 따라서 자꾸 편법을 쓸 게 아니라 정부가 나서서 대대적인 재생 에너지 투자에 나서야 합니다.

　재생 에너지 발전은 석탄 발전이나 원전에 비해 위험하지도 않고 대기 오염 물질도 적게 나옵니다. 게다가 자원 확보 분쟁을 억제하는 효과가 있어요. 무슨 뜻이냐 하면 국제적으로 발생하는 분쟁의 상당 부분이 바로 이 '에너지'와 관련이 있습니다. 잘 아시다시피 석유 때문에 숱하게 전쟁이 벌어지지 않았습니까? 송유관, 가스관을 두고 벌어진 전쟁을 포함해서 말이에요. 그런데 각국이 재생에너지를 쓰면 어때요? 그럴 일이 없습니다. 각자 자기 나라에서 생산한 에너지로 먹고살 수 있어요. 굳이 다른 나라와 전쟁을 할 이유가 없습니다.

　다만 앞서도 말씀드렸지만 이러한 재생 에너지 전환은 정의롭고 공정하게 이루어져야 합니다. 지금 경상북도 영양군에서는 풍력 발전소 그만 설치하라고 주민들이 시위하잖아요. 이러한 목소리에 귀 기울여야 합니다. 발전소가 지역민의 삶과 생태계를 더 건강하게 만드는 방향으로 추진되어야 해요. 지역 경제와 고용에 기여할 수 있어야 합니다. 그다음에 지역 자원을 유효하게 이용할 수 있어야 해요. 즉, 지역 쇠퇴를 억제하고, 경제를 활성화하는 데 도움이 되어야 한다는 거예요.

<태양>, 에드바르 뭉크, 1910년대.

"재생 에너지 발전은 석탄 발전이나 원전에 비해
위험하지도 않고 대기 오염 물질도 적게 냅니다.
게다가 자원 확보 분쟁을 억제하는 효과가 있어요."

예컨대 태양광 발전 시설이 많아지면 그 이익금이 지역민에게 돌아가고, 지역 경제가 활성화되는 효과가 있어야 한다는 거죠. 예를 들어 한 지역에 태양광 발전 시설을 설치하기로 합니다. 농사짓는 땅인데 소유자가 한 300명 정도 됩니다. 나머지는 전부 소작농입니다. 태양광 발전 시행사에서 그 땅을 임대하는 대가로 돈을 줍니다. 땅 주인 입장에서는 소작 주는 것보다 훨씬 유리해요. 문제는 거기서 농사짓던 사람들이에요. 이분들이 태양광 발전소가 들어서면서 생계를 위협받습니다. 그래서 농민들이 머리띠를 두르고 국회에 오고, 반대 운동을 하는 겁니다.

이런 식의 사업 추진은 좋지 않아요. 이익금이 실제 그곳에서 농사를 짓는 농민들한테 돌아가게 하는 방식으로 설계해야 해요. 제가 토론회에서 주장한 것도 이와 같습니다. '영농 복합형 태양광 발전 사업'을 해야 합니다. 일본 같은 경우는 농토 위에 태양광 패널을 설치하되 아래는 그대로 농지예요. 그러니까 농민이 피해 볼 일이 없어요. 이걸 '영농형 솔라 셰어링(solar sharing)'이라고 하는데요. 우리도 그렇게 하면 좋겠다는 겁니다. 여기에 더해서 발전소 이익금이 농민들한테 가야 된다고 말했어요. 그랬더니 농민들 반응이 사뭇 달라집니다.

소작농과 땅 주인이 함께 윈윈할 수 있어야 합니다. 방법이 없는 게 아니거든요. 지금 재생 에너지 사업 현장에 나가보면 이런 갈등들이 첨예해요. 기업이 들어와서 대규모 태양광 설치하고 서해안 갯벌에 세계 최대 규모의 풍력 발전소를 만들고 하잖아요. 그런데 우리가 재생 에너지를 쓰자고 생태계를 파괴하면 될까요? 어불성설입니다. 그래서 풍력 발전소 세울 때 철새 도래지가 어디인지를 확인해야 하는 거예요.

해상 발전 시설을 세울 때는 해류의 흐름도 감안해야 하고요. 우리나라 주변 해류를 보면 쿠로시오해류에서 갈라진 동한난류가 동해를 흐르죠. 그중 일부가 서해로 들어가는 게 서해난류고, 그 지류가 제주도로 흐르는데 그게 제주난류예요. 그런데 그 폭은 좁습니다. 그 좁은 폭에서 해류가 굉장히 빨리 지나가는 길이 있습니다. 그 길 위에는 봉을 박으면 해류가 훼손되기 때문에 해양 환경에 혼란을 불러올 수 있습니다. 연안에 시설을 지을 때도 살펴보아야 할 게 있어요. 일부 연안은 물고기들의 산란 장소로 쓰입니다. 먼바다에서 돌아온 물고기들이 그곳에 알을 낳고 부화시켜요. 관련 데이터는 이미 수산과학원이나 해양과학원에서 보관하고 있습니다. 시설물을 지을 때는 이런 것들을 확인해야 해요.

지금 재생 에너지 발전소 건설을 대기업들이 주도하고 있는데요. 당연히 이익도 그들이 차지합니다. 이걸 지역민들에게 나눠 주

어야 합니다. 이익 중 일부라도 주민들에게 가도록 설계하면 환경
도 살리고 지역민들도 함께할 수 있습니다.

우리나라는 쓰레기 소각장도 짓는다고 하면 지역 주민들이 격렬
하게 반대하죠? 그 지역에 혜택이 돌아가도록 하면 이런 일이 없을
겁니다. 덴마크 코펜하겐 같은 곳에서는 7000억을 들여서 소각장
을 짓는데 소각장 위에 스키장을 설치하고 기술로 연기도 다 잡아
버리기 때문에 냄새도 안 납니다. 덴마크의 아마게르 바케 열병합
발전소의 이야기입니다. 그곳 사람들은 소각장이 주는 피해를 모
르고 지내요. 주변에는 카페 시설도 많고 해서 오히려 관광 명소가
돼 있거든요. 오스트리아에는 지하철 바로 옆에 소각장이 있습니
다. 일본도 그렇고, 외국의 쓰레기 소각장은 음악관, 미술관 등 문
화 시설이 공존하는 장소입니다. 우리도 그렇게 할 수 있습니다.

지역 주민의 눈으로 보아야 해요. 멀쩡하게 농사짓던 땅에 외지
인이 와서 태양광 패널 쫙 설치하고는 돈을 벌어 가요. 지역 주민이
이득을 보는 게 하나도 없는 거예요. 오히려 손해만 보는 상황이니
반대하는 게 당연합니다. 우리나라가 2002년부터 상업용 전기를
한전이 사 주는 방식으로 태양광 발전을 지원해 왔지만, 주민들의
지지를 얻지 못한 채로 20년을 끌어온 겁니다. 그러면서 오히려 주
민들을 기후 위기의 심각성을 제대로 이해하지 못하는 사람들로

비난하죠. 이건 잘못된 방식이라고 생각합니다.

지금 태양광 발전은 대기업 중심입니다. 주민들이 출자자로 참여하는 시민햇빛발전소와 같은 소규모 사업자들이 역할을 찾기가 어렵습니다. 여기에는 이유가 있습니다. 우리나라는 2012년부터 신·재생 에너지 공급 의무화 제도(RPS)를 도입합니다. 일정 규모 이상의 발전 사업자에게 일정량의 신·재생 에너지 발전을 의무화한 거예요. 따라서 한전은 일정량의 재생 에너지를 구입해야 해요. 그런데 입찰로 재생 에너지를 구매하기 때문에 대규모 투자로 가격을 낮출 수 있는 대기업이 유리합니다. 이렇게 하는 나라는 전 세계에서 우리나라와 미국 캘리포니아주 두 군데밖에 없어요. 다른 데는 전부 다 고정 가격제입니다. 그래야 안심하고 재생 에너지 사업을 시작하죠. 결국 여기서도 시장 논리로 대기업에게만 혜택이 돌아가게 된 거죠.

지금까지 우리나라의 재생 에너지 정책과 앞으로 나아가야 할 방향에 대해 말씀드렸습니다. 기후 위기 시대에 재생 에너지는 거스를 수 없는 시대의 흐름입니다. 강력한 정책과 함께 인식의 전환이 절실해요. 재생 에너지가 기후 위기로부터 우리를 지키고 지역의 발전을 도모할 수 있는 대안이 되어야 한다는 점을 꼭 기억하셨으면 합니다.

다섯 번째 이야기

기후 위기는 인권 문제다

지현영

지현영 변호사

환경과 관련한 일을 하는 변호사.
즐겁고 재미있게 일할 수 있는 환경 분야에 매료되었다.
그런데 이 문제를 들여다볼수록 진심으로 사람을
걱정하는 마음이 들었다. 사랑하는 모든 사람이
건강하고 행복하게 삶을 누리고 살았으면 좋겠다.
이를 위해 작은 문제라도 해결의 실마리를
풀어 나가고 싶다.

안녕하세요, 지현영입니다. 저는 환경 분야 공익 변호사로 일을 계속해 왔습니다. 기후 위기와 인권에 관심을 갖고 있어요. 2021년 실태 조사 차원에서 많은 노동자, 농어민분들을 만나 인터뷰를 했습니다. 오늘은 그 내용을 토대로 지금 기후 정책에 어떤 문제가 있고, 대안은 무엇인지 등에 대해 말씀을 드리려고 해요. 순서는 첫째로, 환경권의 역사에 대해 말씀드리고 두 번째로 전 세계의 기후 소송 사례를 살펴보겠습니다. 이어서 세 번째가 기업의 책임 부분인데요. 여기까지 살피고 나서 기후 위기 중에서 특히 '폭염' 부분을 살피면서 마무리할까 합니다.

세계 '환경권'의 역사

현재 우리의 기후 위기 대응은 '감축

(완화)'과 '적응'이라는 가지 축으로 이루어져 있습니다. 그런데 이 과정에서 인권 문제가 있을 수 있어요. 기후 위기는 공평하게 찾아오지 않아요. 가난한 사람들이 더 큰 피해를 봅니다.

2020년 국제결제은행(BIS)에서 '그린 스완: 기후 변화 시대의 중앙은행과 금융 안정성'이라는 제목의 보고서를 발간했습니다. '그린 스완'은 예상치 못한 위기를 뜻하는 '블랙 스완'에 환경을 뜻하는 '그린'이 결합한 용어입니다. 보고서는 기후 변화가 금융 시장에 '물리적 위험'과 '전환기 위험'을 초래할 수 있으며, 기후 변화로 인한 재앙은 인류에게 '지금까지 겪어 보지 못한 고통'을 안겨줄 수 있다고 경고하고 있습니다.

실제로 기후 위기로 인한 재해로 보험사들이 어려움을 겪고 있어요. 이런 실질적 손해가 '물리적 위험'이라면 '전환기 위험'이라는 것은 향후 산업 구조 개편에 따라 예상되는 손해를 말합니다. 예를 들어 그동안 승승장구하던 석탄 발전 기업이나 석유 기업이 사양길에 접어들 텐데 여기에 대비해야 하는 거죠. 이처럼 자본과 기업도 기후 위기 대응에 발 빠르게 움직이고 있는 상황이에요.

이에 반해 우리 쪽은 준비가 안 되어 있는 것은 아닌가 하는 생각이 들어요. 예를 들어 지금 러시아 – 우크라이나 전쟁도 그렇고, 세계적으로 에너지 공급 문제가 있잖아요. 우리에게 에너지를 공급하는 나라들이 정치적으로 불안정해졌을 때를 대비해야 합니다. 이런 부분에서 에너지 전환도 중요하지만 자원 순환 활성화도 시급합니다.

2022년 7월 유엔(UN) 총회에서는 '깨끗하고 건강하고 지속 가능한 환경에 대한 권리'를 보편적 인권이라는 결의안을 냅니다. 유엔 총회의 결의는 모든 산하 국제 기관들에게 굉장히 중요한 신호를 준 것이라고 볼 수 있습니다. 그동안 국제 인권으로 볼 수 있느냐는 논란이 많았던 환경권을 기후 위기, 생물 다양성 위기 등으로 인해 인간다운 삶을 위협받자 국제 사회에서도 인정하지 않을 수 없었던 것으로 보입니다.

오늘날 '기후 인권'이라는 말이 나올 정도로 인권과 기후 위기는 밀접한 관계에 있습니다. 그런데 이런 환경권과 관련된 논의는 어제오늘 일은 아닙니다. 제2차 세계 대전 후 국제기구가 설립되면서 많은 이야기가 있었어요. 그럼 환경권의 역사를 간략히 살펴볼까요?

여러분이 잘 아시는 세계 인권 선언이 채택된 해가 1948년입니다. 30조에 걸쳐서 인간이 기본적으로 누려야 할 권리를 적시하고 있지요. 그리고 1960년대에 인권을 구체화한 국제 규약이 등장합니다. 1966년에 나온 '시민적·정치적 권리에 관한 국제 규약'과 '경제적·사회적·문화적 권리에 관한 국제 규약'입니다.

이때만 해도 인권을 침해하는 주요 주체는 국가였어요. 공권력으로 인한 인권 침해가 문제였습니다. 다국적 기업이 생기면서 상당한 인권 침해 문제가 있었지만 이를 인정하기까지는 이후로 오랜 시간이 걸렸습니다. 환경에 대한 권리도 국제 사회에서는 받아들이기 어려운 개념이었어요. 환경권과 충돌하는 대표적인 기본권이 재산권이잖아요. 기업이 자연을 훼손하며 지역 개발을 하는 바람에 지역민들의 환경이 나빠지거나 원주민들의 삶의 터전이 훼손되고, 생물 다양성을 해치는 경우 "왜 환경을 파괴해?"라고 물으면 "나는 재산권을 행사하는 건데?"라는 대답이 돌아옵니다. 오랫동안 '재산권'은 불가침의 영역이었어요.

그러다가 1972년에 로마 클럽에서 『성장의 한계』라는 보고서를 출간합니다. 환경을 파괴하는 방식으로는 지속적인 성장이 불가능하다는 것을 사람들이 인식하는 계기가 됩니다. 같은 해에 '인간 환경을 위한 스톡홀름 선언 및 행동 계획'이 나와요. 환경적인 제약을 고려하지 않은 경제 개발은 낭비적이고 지속 불가능함을 명시합니다. 이러한 변화는 급속히 전 세계로 퍼집니다. 참고로 한국은 1987년 헌법을 개정하면서 35조에 환경권을 적시했어요.

1990년대는 전 세계적으로 환경이 중심 이슈로 떠올라요. 우선 유명한 '환경과 개발에 대한 리우 선언'이 1992년 나오죠. 지구 온난화 방지, 생물종의 다양성 보전과 산림의 중요성 등을 확인합니다. 6년 뒤인 1998년에는 '환경 문제에 관한 정보적 접근, 결정 과정에의 참여, 사법적 접근에 관한 협약'인 오르후스(Aarhus) 협약이 체결됩니다. 사법적 접근에 있어 당사자 적격을 '충분한 이익'을 갖고 있거나 개인의 권리를 침해 받은 비정부 기구(NGO) 회원들까지 포괄하지요. 오르후스 협약에 가입된 국가들에서는 환경 피해의 당사자가 아니더라도 환경 단체가 소송을 제기할 수 있습니다. 우리의 경우 오르후스 협약을 비준하지 않았습니다.

그런데 이때까지만 해도 환경권은 '인간을 위한 권리'였습니다. '환경권'이라는 게 사람이 향유하는 환경에 대한 권리잖아요. 그렇다면 자연 자체의 권리는 어떤가요? 인간을 위한 자연이 아닌 자연 자체의 권리를 인식하는 움직임이 일어납니다. 2008년 에콰도르는 헌법상 자연의 권리를 인정해요. 말하자면 숲과 강이 스스로 권리를 갖는 거예요. 실제로 에콰도르는 강의 권리를 침해한다고 해서 공사를 허가하지 않은 사례가 있습니다. 우리가 지금의 기후 위기 문제를 바라볼 때 사람만 잘살자는 시각으로는 근본적으로 해결할 수가 없잖아요.

한편 기후와 관련한 조약 중 인권에 대해 처음으로 언급한 조약

<시민들에게 공격받는 바스티유 감옥>, 장 피에르 루이 로렌트 휴엘. 1789년 프랑스 대혁명 당시 바스티유 감옥 습격 장면.

"인권을 침해하는 주요 주체는 국가였어요. 공권력으로
 인한 인권 침해가 문제였습니다. 다국적 기업이 생기면서
 상당한 인권 침해 문제가 있었지만 이를 인정하기까지는
 이후로 오랜 시간이 걸렸습니다."

이 여러분도 잘 아시는 2015년 유엔 기후 변화 협약 당사국 총회에서 맺은 파리 협정입니다.

정리를 해보면, 환경권은 자연을 인간을 위해 잘 보존해야 할 어떤 수단이나 자원으로 바라보는 데서 나아가 자연의 권리라는 개념으로까지 확장되고 있습니다. '자연의 권리'는 자연을 온전히 존중받고 생명 주기와 구조, 기능, 진화 과정이 유지되고 재생산되도록 할 권리를 가진 유기체로 봅니다. 자연의 내적 가치, 자연 존중, 자연에 대한 인간의 책임, 미래 세대를 위한 형평성을 강조하고 있고요.

실제로 에콰도르, 볼리비아, 뉴질랜드, 방글라데시, 콜롬비아, 멕시코, 브라질, 파나마 등 8개국에서 자연의 권리를 헌법, 법률상 보장 또는 재판에서 인정하고 있습니다. 판례를 보면, 에콰도르 헌법재판소는 헌법상 규정된 자연의 권리 조항은 횡단적 성격을 가지고 있으므로, 자연의 권리가 헌법상의 여타 권리들을 '가로지르며' 우선하여 적용된다고 해석하고 있습니다.

지금까지 환경권에 대한 국제 사회의 논의에 대해 말씀드렸고요. 다음으로 실제 기후 위기와 관련하여 어떤 법적 다툼이 있었는지 소송 사례를 한번 살펴보겠습니다.

기후 소송, 어디까지 왔나

여러분, 혹시 '기후 소송'이라는 말 들어보셨나요? 신문과 방송에 간간히 나오는데요. 결론부터 말씀 드리면 전 세계적으로 기후 소송이 굉장히 많아지고 있습니다. 전통적으로는 정부를 상대로 한 소송이 많았지만, 최근에는 기업을 향한 소송도 증가하고 있어요. 기업 중에서도 예전엔 화석 연료 기업이 주를 이뤘지만, 지금은 뉴질랜드의 대형 농장이나 폴란드 보험 회사 등 대상이 다양해지고 있어요. 건수로 보면 미국이 가장 많고 그다음이 유럽 선진국들입니다. 아시아의 경우 인도네시아, 인도, 파키스탄, 필리핀, 한국, 일본, 네팔, 타이완 등에서 기후 소송이 제기되기 시작했습니다. 유의미한 사례들을 몇 가지 소개드리겠습니다.

2018년도에 네덜란드 환경 단체인 우르헨다(Urgenda) 재단이, 정부를 상대로 온실가스 감축 목표를 강화하라는 내용의 소송을 제기합니다. 청소년이 주축이 된 약 900명의 네덜란드 시민이 참여했는데요. 현재의 감축 목표는 국민에 대한 국가의 보호 의무를 위반한 것이라고 주장하며, 상향 조정할 것을 요구합니다. 그리고 환경 단체 쪽이 1심, 2심, 3심까지 모두 다 이기며 최종 승소해요. 최종적으로 법원은 기후 변화 피해는 실제 임박한 심각한 것이고 정부는 유럽 인권 협약 제2조와 제8조에 따라 기후 변화 피해에 대응하여 자국민을 보호할 적극적 의무를 가진다고 판시합니다. 인권을 근거로 국가의 온실가스 감축 목표에 대해서 문제 제기를 하고, 정부가 적극적으로 기후 위기에 대응해야 한다는 법원의 판결을 이끈 최초의 사례입니다. 상징성이 매우 크죠.

다음은 프랑스인데요. 역시 정부를 상대로 한 소송입니다. 프랑스 정부가 재생 에너지 발전 비율을 2020년까지 23%로 늘리기로 했지만 실제로 17.2%에 그칩니다. 2015년 정한 감축 목표를 지키지 못했을 뿐만 아니라 2020년 이후까지 대부분의 노력을 연기하는 등 기후 위기 대응 관련 정책을 충분히 이행하지 않았습니다. 환경 단체는 이러한 정부의 미진한 대응 정책이 바닷물 온도 상승으로 인한 양식장 피해, 대기 오염으로 인한 건강 문제 등의 피해 사례를 발생시켰다는 이유로, 정부를 상대로 손해 배상 소송을 제기합니다.

2021년 2월 3일 파리 행정법원은 정부가 기후 변화에 대응을 적절히 하지 못한 것과 생태학적 손해 사이의 인과 관계를 인정해요. 국가가 감축 목표에 관한 약속을 지키지 못한 경우 책임을 져야 한다고 판단하면서 도덕적 손해 배상금으로 청구한 1유로(약 1300원)

를 배상하라고 명령해요. '겨우 1유로?'라고 생각하실 분들이 있겠지만, 금액이 문제가 아니죠. 상징성이 매우 큰 판결입니다.

독일에서는 연방 기후 변화 대응법에 대한 위헌 소송이 제기됩니다. 2020년 2월 독일 청소년 그룹은 2050년까지 기후 중립화를 목표로 2030년까지 온실가스를 55% 감축하겠다는 기후 보호법의 목표가 불충분하다고 주장하면서 헌법 소원 심판을 제기해요. 청구인 측 주장은 다음과 같습니다.

"법이 이산화탄소의 감축을 위한 충분한 규율을 하고 있지 않아 수백만 사람들의 인명과 기후 시스템에 예측할 수 없는 결과를 초래했다. 이에 곧 임계치를 초과하게 될 것이다. 2030년 이후의 시간에 배출 감축 의무를 이행하는 미래의 부담은 청구인들로 하여금 일반적 행동의 자유권을 행사할 수 없게 할 것이다. 침해한 기본권은 생명권·신체 자유권(제2조 제2항 제1문), 재산권(제14조 제1항) 및 직업 자유권(제12조 제1항)으로부터 도출한 보호 의무이다."

2021년 4월 29일 독일 연방헌법재판소는 해당 기후 변화 대응법이 헌법과 합치하지 않는다고 판결합니다. 기후 변화 대응법의 온실가스 감축 목표가 구체적이지 않을 뿐 아니라 2030년 이후에는 더욱 긴밀한 대응이 필요한데 충분히 구체적으로 규율하지 않았다고 봐요. 이를 이유로 헌법과 합치하지 않는다고 판결함에 따라 입법자는 2022년 12월 31일까지 감축 목표를 갱신해야 할 의무가 있음을 판시합니다.

우리도 유사한 소송이 제기되었지요. 2020년 '청소년 기후 행동'이라는 환경 단체 청소년 19명이 정부와 국회의 소극적인 온실가스 감축 정책이 청소년들의 생명권, 환경권, 인간답게 살 권리와 같은 기본권을 침해한다는 취지로 헌법 소원 심판을 청구합니다. 이듬해 2021년에 제정된 '기후 위기 대응을 위한 탄소 중립·녹색 성장 기본법'(탄소 중립 기본법)에 대해서도 같은 취지로 위헌이라는 헌법소원 청구가 또 제기됩니다. 2030년 감축 목표를 정한 해당 법 제8조가 미래 세대의 기본권을 보호하기에 충분하지 않아 위헌이라는 이유예요. 2022년 6월에는 태아를 포함한 만 5세 이하 어린이 39명, 6~10세 어린이 22명을 청구인으로 하여 탄소 중립 기본법 위헌 소원과 동일한 취지의 소송이 제기됩니다. 아직 결과는 나오지 않았지만 2022년 12월 국가인권위원회에서 기후 위기로 인한 인권 침해에 대해 의견 표명을 해 힘을 보탰기 때문에 희망을 가져 봅니다.

다음은 기업을 상대로 한 기후 소송을 보겠습니다. 네덜란드 사례인데요. 법원이 다국적 석유 기업을 상대로 온실가스 감축 명령을 한 사례입니다.

2019년 1만 7000명의 시민과 일곱 개 환경 단체가 세계 굴지의 석유회사 로열더치셸을 상대로 소송을 제기합니다. 이들의 사업 모델과 감축 목표가 상승 온도를 1.5도 이하로 유지해야 할 국제 사회의 기후 변화 목표 달성을 위협하고 이는 생존권(인권)을 침해한다는 취지였어요. 해당 기업이 역사적으로 인간이 배출한 이산화탄소 중 1.8%에 대한 책임이 있으며 현재도 매년 총배출량의 1%를 차지하고 있다고 지적합니다. 오늘날 기후 변화에 책임이 있다는 것이지요. 기업 측 입장은 어땠을까요?

그들은 원고의 주장은 정책적인 문제에 불과할 뿐 아니라 회사의 탄소 배출은 합법이며 탄소 배출량 감축 계획이 기후 변화에 영향을 줄 것이라는 점을 입증하지 못했다고 주장해요. 참고로 로열더치셸은 2016년 배출량 대비 2023년까지 6%, 2030년까지 20%, 2035년까지 45%, 2050년까지 100% 감축하겠다는 계획을 발표한 바 있습니다.

2021년 5월 26일 헤이그 지방법원은 로열더치셸이 유럽 인권 조약(ECHR) 등 인권에 관한 의무에 기인해 기후 행동을 할 주의 의무가 있으며, 이를 위반하여 인권과 생명권을 침해하는 결과가 초래되었다고 판단합니다. 또한 이러한 사실은 기업의 이익보다 우위에 있어 2030년까지 탄소 배출량을 2019년 대비 45% 감축하라고 명령해요.

무슨 뜻일까요? 그동안 화석 연료 생산으로 이익을 보았으니 더 적극적으로 온실가스 감축을 할 사회적 의무가 있다는 거예요. 그러니까, 지금 세운 목표가 법을 위반한 것은 아닐지라도 이를 보완하여 감축 목표를 다시 세우라는 겁니다. 이번에도 시민들의 손을 들어준 거예요.

이와는 별개로 네덜란드 환경 단체는 다국적 석유 기업의 이사진이 영국 기업법이 명시한 이사의 의무를 위반했다고 주장하며 저탄소 경제 전환을 적절하게 준비하지 못한 결정을 내린 것에 대해 책임을 묻는 소송을 제기할 예정이라고 합니다. 기업 경영에 대한 주요한 결정을 하는 이사회가 책임져야 한다는 겁니다.

이처럼 세계는 기후 위기에 대한 기업의 책임을 묻고 있는데, 이때도 인권의 관점을 잘 활용하면 좋을 것 같아요. 기업이 경제 활동을 하더라도 보편적 인권을 침해해서는 안 된다는 인권 경영의 접근법을 통해 기후 인권을 기업에도 주장할 수 있을 것으로 보입니다.

유엔 인권 이사회는 2011년 6월 만장일치로 '유엔 기업과 인권 이행 원칙'을 승인해요. 세 가지 주요한 원칙은 다음과 같습니다. 먼저, 기업의 인권 존중 책임입니다. 기업은 타인의 인권을 침해하지 않고, 인권 침해에 연루된 경우 대처해야 합니다. 또한 국제적으로 승인된 인권 목록을 존중할 책임이 있습니다. 다음은 국가의 '인권 보호 의무'예요. 국가는 자신의 영토나 관할권 내에서 기업을 포함한 제3자에 의한 인권 침해로부터 개인을 보호할 의무가 있습니다. 마지막 세 번째는 효과적 구제 수단에 대한 접근이에요. 기업으로부터 인권 침해를 당한 피해자는 사법적 · 비사법적 구제 수단을 통해 구제를 받아야 합니다.

국제 인권 규범에 의해 기업도 인권을 존중할 책임이 있고 책임을 다하지 않을 경우 이를 추궁할 수 있다는 것을 선언하여 매우 중요한 의미를 가집니다. 국가가 인권을 보호해야 할 의무가 있다면 기업은 그럴 의무까지는 없더라도 최소한 이를 존중해야 한다는 거예요.

이런 취지로 '유엔 기업과 인권 이행 원칙'은 기업이 인권을 존중한다는 것을 보여 주는 방법으로 인권 실사를 제시합니다. '인권 실사'란 기업 활동이 인권에 미칠 수 있는 실제적 · 부정적 잠재적 영향을 식별하고 문제가 발견되면 부정적 영향을 완화 또는 제거하는 조치를 취하는 것과 그 효과를 모니터하고 관련 정보를 공개하는 전 과정을 통칭합니다.

그렇다면 기업이 해야 할 '인권 존중'의 범위는 어디까지일까요?

자기 회사에서 일하는 노동자들의 인권만 점검하면 될까요? 보통은 그렇게 생각할 수 있지만, 기업 책임의 범위는 협력사인 '공급망'까지 확대됩니다. 최근 유럽에서는 이와 관련한 법률을 도입하는 나라들이 늘어나고 있습니다. 2022년 2월 23일 유럽 연합 집행 위원회는 공급망 실사를 의무화하기 위해 '기업 지속 가능성 실사 지침' 법안을 발의합니다. 이 지침은 광범위하고 강력한 수준에서 유럽 전역에 인권 및 환경 실사 의무를 도입합니다. 일정 규모 이상의 기업들에 대해 인권, 환경, 지배 구조 실사 의무를 부여하고, 불이행 시 행정상의 제재와 피해자에 의한 민사상 손해 배상 책임을 통해 이행을 강제한다는 것을 골자로 해요. 이제 기업은 모든 회사 정책에 환경 및 인권 정책을 통합하고, 매년 실사 이행을 위한 절차를 마련해야 합니다. 무슨 뜻일까요?

예를 들어 모 기업의 부품을 생산하는 협력사에서 인권 침해가 발생해요. 모 기업이 이를 알 수 있었음에도 예방 조치를 충분히 취하지 않았다면, 이에 대해서도 책임을 져야 합니다. 기업에 상당히 넓은 범위의 주의 의무를 부과하는 것이지요.

이러한 흐름은 기후 변화 대응과 관련해서도 이어지고 있어요. 예컨대 애플이 RE100을 선언하면서 그 협력 회사들로부터도 재생 에너지를 100% 사용하겠다는 약속을 받은 거예요. 협력업체 입장에서는 발등에 불이 떨어진 거죠. 특히 제조업 기반 수출 비중이 높은 국내 기업들의 경우 이러한 글로벌 동향에 민감할 수밖에 없는 것입니다.

지금까지 인권 및 기후 위기 대응과 관련하여 법률적 차원에서 한번 흐름을 살펴보았습니다. 이어서 본격적으로 기후 위기 이야기를 할 텐데요. 특히 '폭염'에 대해 말씀드리려고 해요. 지구 온난화로 인한 대표적인 재해이고 실제로 전 세계가 이상 폭염에 시달리고 있어요. 이는 심각한 인권 문제를 일으키고 있어요.

기후 위기가 인권에 미치는 영향

지구가 더워지고 있다는 건 여러분도 잘 아시죠? 지금 세계 여러 나라에서 이상 폭염 현상이 발생하고 있습니다. 20년 전인 2003년 여름에 이미 기록적인 폭염으로 유럽 전역에서 7만 명, 프랑스에서만 1만 5000명이 사망했어요. 2018년 영국 기상청은 2050년 영국 런던의 여름 기온(평균 25도)이 40도에 이를 수 있다고 예측합니다. 그런데 불과 4년 만인 2022년 여름 런던 기온이 40도를 기록합니다. 영국뿐만 아니에요. 유럽 전역이

펄펄 끓습니다. 폭염은 인명 피해로 이어집니다. 최고 47도까지 올라간 포르투갈에선 600명가량이, 45도에 이르는 무더위가 지속된 스페인에서는 500여 명이 폭염으로 목숨을 잃습니다.

이러한 재난은 취약 계층에게 특히 위험합니다. 인구 고령화, 1인 가구 증가, 소득 양극화 등 사회 경제 구조 변화에 따라 적응 능력이 낮은 사회 경제적 약자에게 폭염 위험이 집중될 우려 또한 커지고 있습니다. 우리나라의 경우, 폭염 일수가 가장 길었던 2018년에만 4526명의 온열 질환자가 발생했어요. 질병관리청에 올라온 이 통계도 전국 500여 개의 자발적 모니터링 참여 의료 기관 응급실에 한해 집계되기 때문에 실제로는 더 많을 것으로 추정됩니다. 질병관리청에 따르면 2021년 '온열 질환 응급실 감시 체계'를 통해 파악된 온열 질환자는 50대, 남성, 단순 노무 종사자에서 가장 많이 발생했습니다. 야외에서 육체노동을 하는 분이 폭염에 가장 취약했다는 이야기입니다. 실내에서 에어컨을 틀어 놓고 일하는 사람들은 직접적인 피해로부터 상대적으로 안전한 거예요.

폭염이 정신 건강에도 영향을 미친다는 연구들이 많아요. 2022년 영국 옥스퍼드 대학과 스위스 취리히 대학 공동 연구팀의 연구에 따르면 폭염으로 월 평균 기온이 1도만 올라가도 자살률이 2.2% 높아지고 폭력 범죄는 3% 늘어난다고 해요. 보고서는 기후 변화

<돌 깨는 사람들>, 귀스타브 쿠르베, 1849년.

"재난은 취약 계층에 특히 위험합니다. 인구 고령화,
1인 가구 증가, 소득 양극화 등 사회 경제 구조 변화에
따라 적응 능력이 낮은 사회 경제적 약자에게
폭염 위험이 집중될 우려 또한 커지고 있습니다."

때문에 상승하는 온도와 습도는 조울증 환자의 조증 발현 증가와 인과 관계가 있다고 설명합니다. 공격성을 억제하는 세로토닌이라는 뇌 화학 물질이 고온의 영향을 받기 때문이라고 해요. 실제로 제가 건설 현장에 계시는 분들과 이야기를 하다 보면 폭염 일수가 길어질수록 노동자들 간의 싸움이 많이 일어난다고 해요. 심지어 자살률도 올라간다고 합니다.

미국 스탠퍼드 대학 지구 시스템 과학과 마셜 버크 교수 등 연구팀은 2019년 대상 지역의 빈부 수준 및 일상 기온 수준과 관계없이 월평균 기온이 1도 상승할 때 미국에서의 월간 자살률은 분석 기간 0.68%, 멕시코에서는 2.1% 각각 증가했음을 밝힙니다. 사회·경제적으로도 폭염으로 인한 피해가 속출하고 있죠.

독일은 라인강이 말라붙어 난방유, 휘발유, 석탄, 기타 상품 등을 수송하는 배가 다니지 못하면서 생각지도 못한 공급망 문제가 터집니다. 인근 나라까지 영향을 받아요. 프랑스는 냉각수가 가열되는 바람에 원전 가동을 멈추는 사태까지 일어납니다. 유럽의 에너지 정책이 재생 에너지 쪽으로 전환한 것에는 이러한 영향도 있습니다.

미국 캘리포니아 대학 연구팀에 의하면 2021년 기준으로 미국 1056개 카운티 중 76%에서 저소득층이 고소득층보다 더 높은 온도에 노출된다고 합니다. 인종별로도 라틴계 밀집 지역이 비라틴계 지역과 비교해 약 7도가량 높은 기온에 노출되었다고 해요. 저소득층은 에어컨이 없거나 있더라도 전기료가 부담스러워 사용을 자제합니다. 치솟는 물가와 에너지 가격 상승이 빈부에 따른 '온도 격차'를 불러오고 있어요.

저는 이와 관련해서 국가 정책이 정말 중요하다는 말씀을 드리고 싶어요. 1995년에 미국 시카고에서, 40도를 웃도는 무더위가 지속되면서 7월 한 달 동안만 700명이 넘는 사망자가 나왔어요. 뉴욕대학교 사회학 교수인 에릭 클라이넨버그가 『폭염 사회』라는 책에서 이 사건을 분석합니다. 주변 사람들 인터뷰를 통해 희생자가 기저 질환이 있었는지, 친구는 누구였고 어떤 삶을 살아왔는지를 살펴봅니다. 결과를 보니까, 유독 범죄가 많은 지역 사람들이 많이 죽었어요. 왜냐하면 이곳은 사람들이 창문을 못 열어요. 아무리 더워도 안전 때문에 문을 꼭꼭 걸어 잠글 수밖에 없어요. 폭염 정책에도 사회적인 안정감과 소통을 고려해야 할 것 같습니다. 재난 대책 수립에 있어 누가 고립되어 있는지 국가가 정책적으로 파악하고 있어야 된다는 거예요.

또한 무엇보다도 취약 계층을 제대로 정의할 필요가 있습니다. 우리나라는 법률적으로 폭염 취약 계층에 대한 정의가 없어요. 대신 조례상에는 들어가 있는데 제각각이고 추상적입니다. 경상북도, 세종시, 전라북도, 충청남도의 경우 "재난 안전 관리법 제3조 9의 3의 '안전 취약 계층(어린이, 노인, 장애인, 저소득층 등 신체적·사회적·경제적 요인으로 인하여 재난에 취약한 사람)'으로서 폭염에 취약한 사람들을 말한다"고 규정하고 있으며, 다른 광역 지자체의 경우 대체로 '장애인, 수급자, 독거노인, 소년·소녀 가장, 한 부모 가족 등 우선 지원이 필요하다고 인정되는 사람, 그 밖에 시장(도지사)이 폭염에 취약하다고 인정하는 사람'을 열거하고 있어요. 일반적인 취약 계층의 개념과 거의 유사합니다.

이에 반해 영국의 국민보건서비스(NHS)는 노인(특히 75세 이상), 영유아 및 어린이, 기저 질환자(특히 심장 또는 호흡 문제), 이동에 제한이 있는 사람(파킨슨병, 뇌졸중 환자 등), 심각한 정신 건강 문제가 있는 사람, 발한 및 온도 조절에 영향을 미치는 약물을 포함하여 특정 의약품을 사용하는 사람, 알코올이나 약물을 오남용하는 사람, 육체적 활동이 많은 사람(야외 근로자, 운동선수 등)을 폭염 취약 계층으로 정의합니다. 일반적 취약 계층 개념이 아니라 폭염에 있어 누가 취약한가를 고려하려는 노력을 하고 있습니다.

미국의 질병통제예방센터(CDC)는 운동선수, 만성 질환자, 영유아, 저소득 가구, 65세 이상 고령자, 야외 근로자를 폭염 스트레스

및 사망 위험이 높은 집단으로 정의했으며, 각 대상자별로 야외 활동에 대한 유의 사항과 온열 질환 발생 시 대처 방법에 대한 정보를 제공하고 있습니다.

현재 우리나라의 폭염 대책은 온도에 기반한 기상청의 폭염 특보를 기준으로 한 일괄적인 대책이 대부분이에요. 실효성을 높이려면 취약 계층 등 수요자 특성 및 지역별 여건을 고려해야 합니다. 폭염 취약 계층으로 분류되는 저소득층이나 고령자 등만 아니라 어린이, 임산부, 야외 근로자 등에도 관심을 기울여야 해요.

이러한 지원이 신속하게 이루어지려면 지자체가 권한을 갖고 시행할 수 있는 시스템이 되어야겠죠. 지자체에서 직접 우리 지역에서 어디가 특히 취약한지 어디서 피해가 나올지 현장 모니터링을 하고 지역별 건강 기준을 정립하는 게 좋습니다. 그러려면 예산과 권한이 있어야겠죠.

또한 지원 인력도 전문화되어야 합니다. 우리의 경우 자원봉사자들이 주로 투입되고 있습니다. 여기에 더해 장애인, 여성, 아동 등을 전문적으로 보살필 수 있는 인력이 보강되어야 한다고 생각해요. 그리고 정책 수립에도 취약 계층에 대한 전문가들이 참여해야 합니다. 그러면 훨씬 더 맞춤형 지원이 될 수 있겠죠. 지역 사회 네트워크도 최대한 활용해야 합니다. 이웃 돌봄 프로그램 등을 실시해서 평소 재난에 취약한 이웃을 잘 파악하고 연락망을 유지한다면 재난 상황에 신속히 잘 대처할 수 있을 거예요.

실제로 미국 시카고시는 1995년 폭염 사태 이후 노인 지원 프로그램을 확대하고 혹독한 날씨에 고립된 노인을 추적하여 연락하는 시스템을 개발했습니다. 1999년 유사한 폭염이 왔을 때 냉방센터를 확대하고 무료로 버스를 지원하고 방송, 뉴스 매체, 개별 전화로 이를 적극적으로 홍보했죠. 그 결과 1995년에 비해 사망자 수를 7분의 1로 줄일 수 있었어요.

건강한 환경에서 일할 권리

기후 위기가 심각해지고 폭염 같은 재난이 빈번해진 오늘날에는 매뉴얼에 의존한 방재와 예방에 중심을 둘 게 아니라 공동체 보존과 주민들의 심리적인 고통을 해결하는 '회복'의 관점이 필요합니다. 제가 호우 피해를 본 분들을 인터뷰한 적이 있는데, 이분 말씀이 최근에도 비만 오면 잠을 못 잔다는 거예요. 떨려서 잠을 잘 수가 없다고 하는데 이러한 정신적 피해에 대한 지원은 전혀 없습니다. 개인적으로 상담을 받으러 다닌다고 합니다. 재난 이후 주거지 상황은 어떤지, 이분들이 정상적으로 공동체의 삶을 회복했는지를 살펴봐야 해요.

우리나라 인권위는 2020년 고용노동부 장관에게 다음 세 가지 사항을 권고합니다.

① 열사병 예방을 위한 가이드에 육체노동 강도에 따른 체감 온도의 차이를 고려하도록 하는 내용을 명시할 것. ② 폭염·한파 등 기후 여건으로 작업을 중지한 건설 노동자에 대해 감소된 임금의 전부 또는 일부를 지원할 수 있는 제도를 마련할 것. ③ 건설 현장에 설치해야 할 편의 시설을 확대하고 각 편의 시설의 세부 기준을 마련할 것.

고용노동부는 이 중 ①과 ③에 대해서는 대책을 마련하겠다면서도 ②번 임금 보상에 대해서는 사실상 받아들이지 않았어요.

2021년부터 산업 안전 보건법 제51조를 근거로 앞으로 35도 이상 체감 온도가 적어도 이틀간 지속되는 폭염 경보 단계부터는 오후 2~5시 사이에 옥외 작업을 하는 노동자가 온열 질환 의심 증상을 호소하면 산업 재해가 발생할 '급박한 위험'으로 규정하고 옥외 작업을 중지할 의무가 있다고 발표했습니다. 건설 분야의 경우 폭염에 의한 작업 중지권을 비교적 강조하고 있으나, 작업 중지로 인한 경제적 손실에 대한 보상은 미비한 실정입니다.

요약하자면, 인권위가 건설 현장의 폭염 피해가 심각하니 휴식 공간 만들고 매우 더운 날에는 일을 그만할 수 있게 하라, 노동자가 이로 인해 생계에 위협을 받지 않게끔 돈으로 지원하라, 이렇게 권고했잖아요. 그러나 경제적 손실에 대한 보상은 할 수 없다는 것입니다. 노동자 입장에서는 실효성이 없는 얘기죠. 하루 벌어 하루 생활하는데 어떻게 덥다고 일을 그만 해요. 이런 부분에 대한 보완이 절실해요.

사업주에 대한 별도의 의무 규정이 없다는 것도 문제점입니다. 우리나라는 한국산업안전보건공단에서 '고열 작업 환경 관리 지침'을 규정하고 있습니다. 용광로, 광물을 배소(열로 녹임) 또는 소결(가열하여 덩어리로 만듦)하는 장소, 녹인 금속을 운반 또는 주입하는 장소, 가열된 노(용광로)를 수리하는 장소 등 특히 고열이 예상되는 작업 환경이 적용 범위에 해당해요.

따라서 위와 같은 고열 작업을 수반하지 않는 대다수의 실내 노동자에 대해서는 아무런 지침이 없습니다. 게다가 사업주로서는 실내 노동자들의 작업 환경을 적정한 온도나 습도에 맞추기 위해 특별한 장치나 설비를 하거나 투자를 해야 할 특별할 유인이 없는 상황입니다.

반면에 독일은 사업장 안전 보건령 부록에서 고용주가 각 근로자가 수행하는 작업 절차와 근로자가 느끼는 신체적 부담을 고려한 '건강을 해치지 않는 실내 온도'를 도출할 것을 명시하고 있습니다. 이를 구체화할 수 있도록 사업장 안전 보건 기술 지침은 기후 요소인 온도, 실내 공기의 풍속과 습도에 대해 공간과 시나리오별로 다양한 수치들을 제시해요. 모든 기술적 방법을 동원했음에도 허용되는 온도를 하회 또는 상회할 경우 취해야 할 안전 조치에 대해서도 규정하고 있습니다. 꼼꼼하죠. 이번에는 영국을 볼까요?

영국의 사업장 안전 보건 관리 규칙은 고용주에게 실내 사업장 온도를 '적정한' 수준으로 유지할 법적 의무를 부과하나, 최고 혹은 최저 수치는 구체적으로 명시하고 있지 않습니다. 고용주는 ① 냉방 장치, 복사열 차단막 설치 등 기술적 조치, ② 한낮 근무 제한 및 근무시간 조정과 주기적 휴식시간 제공, ③ 충분한 음료와 적절한 방호복 제공, ④ 열 스트레스의 위험성 및 관련 안전 수칙 등에 대한 교육, ⑤ 위험에 노출된 노동자에 대한 관리 감독 강화 등 합리적인 모든 조치를 취할 것을 권고합니다. 작업장 외에도 화장실, 휴게 공간 등 모든 사업장 내 공간의 온도가 적절해야 한다고 명시하고 있어요.

영국과 독일은 실내 노동자에 대해서도 실외 노동자와 마찬가지로 사업장에서의 '적정한 온도'나 '습도' 등에 대한 세부적인 지침을 마련하여 사업주에게 이를 유지하도록 하는 의무를 부과하고 있어요.

유럽 쪽은 유럽 연합 차원에서 노동의 최고 온도법을 제정하자는 운동이 노동조합연맹에서 펼쳐지고 있습니다. 우리도 하루빨리 적정한 온도에서 노동할 권리, 적정한 습도와 대기 환경에서 노동할 권리를 보장하도록 관련 지침을 마련해야 합니다.

노동자뿐만 아니라 농민에 대한 보호도 필요해요. 일반적인 노동과 달리 농업은 특성상 휴식권 보장이 쉽지 않습니다. 농민들 스스로 피해를 감내할 수밖에 없습니다. 게다가 기후 위기로 상품성이 떨어지는 작물이 많이 생기는데 이런 작물을 손질하는 데에도 추가 노동이 발생하고, 병충해로 인한 노동도 추가로 발생합니다. 더 이상 위험 부담을 개별 농가가 감수하게 해서는 안 되고, 식량 안보 차원에서도 범정부적 정책 마련이 필요합니다.

이상의 대책들은 인식의 전환을 요구해요. 기후 위기 이전의 사고방식으로는 대안을 만들기 어렵습니다. 저는 지금이야말로 우리가 '독립적 인간'이라는 허상에서 벗어나, 인간은 모두 상호 의존적으로 얽혀 있는 존재라는 점을 적극적으로 수용할 때라고 생각해요.

2022년 7월 28일 유엔 총회는 깨끗하고 건강한 환경에 대한 접근이 보편적 인권임을 선언하는 역사적 결의안을 채택했습니다. 이를 계기로, 국가, 기업, 국제 조직에 깨끗한 환경에 대한 노력을 확대할 것을 촉구합니다. 건강한 환경에 대한 권리를 갖는다는 것은 정부에 인권 보장을 촉구할 강력한 권리를 갖는다는 측면에서 국제 인권법의 성격이 본질적으로 바뀌고 있음을 의미합니다.

돌봄이 희망이다

영국의 학술 단체인 '더 케어 컬렉티브'라는 곳에서 낸 『돌봄 선언』이라는 책이 있습니다. 그 내용이 무척 인상적이었는데요. 읽으면서 돈 있는 사람은 실버타운 가고, 돈 없는 사람은 독방 생활을 하는 지금의 방식이 옳은가? 모두가 시설이 잘 갖춰진 유치원에 아이를 보낼 수 있는 나라, 그런 돌봄이 당연한 사회가 오려면 어떻게 해야 할까? 하는 생각을 하게 되었어요.

책에서는 오늘날 신자유주의 체제가 실패를 모르고 자급자족할 수 있는 기업가적 인간형을 키워 냈다고 봅니다. 잘난 내가 뭐든 혼자 해결하면서 사는 거죠. 이런 사람들이 보기에 돌봄은 약자들한

테나 필요한 거죠. 돌봄이 개인적인 문제라는 생각은 우리가 완벽하지 않은 존재, 서로 도움이 필요한 존재라는 사실을 거부합니다. 하지만 여러분, 정말 그런가요? 내가 돌봄을 받는다는 게 사회적 낙오자라는 걸 의미할까요?

책에서는 다음과 같이 말합니다. "진정한 의미의 독립이란 모두에게 돌봄이 보편적으로 제공되는 것을 전제한다. 그 돌봄을 딛고 자율성을 표출할 수 있는 상태를 이야기한다." 멋지죠? 성공한 기업가도 돌봄이 필요한 연약한 존재가 될 수 있다는 사실을 잊어서는 안 됩니다. 그리고 그가 성공하기까지 수많은 사람의 참여와 협력이 필요했다는 것도요.

미국 작가 레베카 솔닛은 지난 한 세기 동안 인류가 직면한 재난의 현장을 탐사합니다. 샌프란시스코 대지진, 허리케인 카타리나가 휩쓸고 지나간 뉴올리언스, 9·11 테러 직후의 뉴욕 등 대형 재난 속에서 평범한 인간들이 보인 행동을 들여다보죠. 그리고 말합니다. "위기에 놓였을 때 우리는 인간성을 회복하고, 서로를 돌보며 공동체로 결속했다."

여러분, 기후 위기는 전대미문의 재난으로 우리에게 다가올 것입니다. 하지만 위기 속에 살아남을 방법을 우리는 갖고 있다고 생각합니다. 희망은 우리 안에 있습니다.

여섯 번째 이야기

김현우

노동으로 보는 기후 위기

김현우 탈성장과 대안 연구소 소장

탈성장과 대안 연구소 소장.
한국노동사회연구소 연구위원, 진보신당 정책연구원,
에너지기후정책연구소 연구기획위원으로 활동하며
정의로운 에너지 전환을 위한 연구와 실천에
매진해 왔다. 지금은 〈탈핵신문〉 운영위원장으로
신문 발간을 돕고, 기후 위기를 알리는 교육과
탈성장 연구에 주력하고 있다.

안녕하세요, 저는 탈성장과 대안 연구소에서 일하는 김현우라고 합니다. 오늘은 '노동과 기후 위기'를 주제로 말씀을 드리겠습니다.

2020년에 54일 동안 기록적인 장마가 있었습니다. 그때 뉴스를 보는데 앵커가 뉴스 채널에서 기상 전문가에게 물어요. "내년은 어떻게 될 거로 예상하십니까?" 전문가는 "모른다"고 합니다. 다만, 지난 30년보다 앞으로 더 극단적인 기후 현상들이 벌어질 것이라는 점만은 확실하다고 대답하더군요. 다른 채널에서도 비슷한 이야기를 들을 수 있었습니다.

위기의 징후들

여러분, '티핑 포인트(tipping point)'라는 말 들어보셨나요? 균형이 깨지는 순간을 뜻하는데, 이 지점이

지나면 회복 불능입니다. 기후 과학 전문가들은 1.5도를 티핑 포인트라고 보고 있어요. 산업 혁명 이전과 비교했을 때 지구 온도가 1.5도 이상 올라가면 온난화로 인한 환경 파괴는 통제 불능이 되고 돌이킬 수 없는 상태가 된다는 거죠. 그 시기를 대략 2030년경으로 보고 있어요.

그러면 인류는 앞으로 어떻게 될까요? 티핑 포인트를 넘으면 지구가 불바다가 될까요? 정말 대멸종의 시기가 오게 될까요? 참고로 공룡 멸종은 수만 년을 걸치면서 이루어진 현상입니다. 따라서 하루아침에 인간이 지구에서 사라질 거로 보기는 어려워요. 그래서 저는 기후 위기의 임계점을 넘었을 때의 상황을 영화 〈인터스텔라〉의 첫 장면들을 사례로 이야기하곤 합니다. 화면에 끝없이 펼쳐진 옥수수밭이 등장합니다. 곧이어 야구장이 나오죠. 그런데 경기 중에 모래 폭풍이 불어옵니다. 관중들은 별로 놀라지도 않아요. 그러려니 하고는 집으로 대피합니다. 저는 이것이 앞으로 우리의 생활상에 가까울 거로 생각합니다.

지구 온난화가 티핑 포인트를 넘어 돌이킬 수 없는 상태가 되지만, 어떤 날은 예전처럼 따뜻하거나 청명할 거예요. 그러다 갑자기 어느 순간 한파와 폭염이 찾아오는 식이죠. 기상 예보도 소용이 없습니다. 이런 일을 이제는 예측할 수가 없어요. 어떻게 보면 코로나

19 상황하고도 비슷해요. 다음 주가 개학인데 갑자기 등교하지 말라는 연락이 와요. 어느 날 마트에 갔더니 밀가루가 없습니다. 기후이상으로 공급이 중단된 거예요. 이런 일이 정확히 몇십 년 후가 될지 똑 부러지게 얘기하기는 어렵습니다. 하지만 언젠가는 올 것이고 그때가 되면 우리의 일상은 지금과는 많이 달라질 거라는 것만큼은 확실해요.

기후 변화는 다차원적입니다. 어느 한쪽만 막는다고 해서 해결되지 않아요. 그래서 대응도 포괄적으로 행해져야 합니다. 여러분, 꿀벌이 사라진다는 뉴스는 많이 보셨을 텐데요. '난 원래 꿀을 좋아하지 않으니 상관없어'라고 할 수는 없어요. 꿀벌이 없으면 많은 작물이 열매를 맺을 수 없으니까요. 자연에서는 어느 한쪽의 이상이 연쇄적으로 전체에 영향을 미칩니다.

미국 칼럼니스트 데이비드 월러스 웰스는 『2050 거주 불능 지구』라는 책에서 미래에 벌어질 일을 다음 12가지로 예상합니다. 첫번째가 폭염이고 그다음이 빈곤과 굶주림입니다. 이런 식으로 해수면이 상승하고 산불, 가뭄 등이 이어져요. 이 예측에 따르면 지구는 질병이 난무하고 경제·정치·사회 모든 분야가 혼란에 빠져요.

자연 앞에서 인간은 연약한 존재입니다. 타고난 몸으로만 보면 영장류, 심지어 포유류 중에서도 경쟁력이 없어요. 이가 날카로운

<눈보라>, 프란시스코 고야, 1786년.

"지구 온난화가 티핑 포인트를 넘어 돌이킬 수 없는
상태가 되지만, 어떤 날은 예전처럼 따뜻하거나
청명할 거예요. 그러다 갑자기 어느 순간 한파와 폭염이
찾아오는 식이죠. 기상 예보도 소용이 없습니다."

것도 아니고 몸에 털도 없죠. 결정적으로 영유아기가 아주 길어요. 오랫동안 다른 존재에 의지해야 한다는 이야기입니다. 인간이 지금에 이를 수 있었던 것은 다른 생명과 달리 자연을 도구화한 덕이에요. 그런데 더 이상 그럴 수 없다면, 우리는 어떻게 살아갈 수 있을까요?

아프리카와 남유럽 사이에 지중해라는 큰 바다가 있습니다. 이 지역은 우리가 교과서에서 배우듯 '지중해성 기후'입니다. 해류의 영향 때문이지요. 여름에 고온 건조하고 겨울이 따뜻하며 다습합니다. 올리브와 포도를 재배하기에 좋은 여건입니다. 사람들은 그쪽 식생에 맞추어 살아왔어요. 음식을 마련하고 집을 짓고 산업을 발전시켰지요. 그렇게 오랫동안 살아온 거예요. 그런데 이 '자연'이라는 삶의 토대가 지금 흔들리고 있어요.

2021년 4월 포도 산지로 유명한 프랑스 부르고뉴와 샹파뉴, 보르도 지역에 때아닌 한파가 몰아닥쳤습니다. 포도나무가 얼어 죽기 시작하자 임시방편으로 농부들이 밭고랑마다 모닥불을 피워요. 이 장면이 외신을 통해 보도됐습니다. 지중해성 기후로 겨울에도 좀처럼 영하로 떨어지지 않던 곳입니다. 수백 년 만에 처음 있는 일이라고 해요.

저는 이 기후 위기를 바라볼 때 온실가스나 화석 연료로 문제를 한정지어서는 안 된다고 생각해요. 탄소는 악(惡)이 아닙니다. 그저 자연에 존재하는 물질일 뿐이에요. 잘 아시겠지만 우리 몸과 자연을 구성하는 물질입니다. 그동안 탄소는 일정한 양이 순환을 하고 있었죠. 식물은 대기 중 탄소를 토양에 잡아두는 역할을 합니다. 일부는 바다에 용해되어 해양 생태계를 유지하는 역할을 합니다. 그런데 산업 혁명 이후 인간이 화석 연료를 쓰면서 이 균형이 깨져 버린 거예요. 석탄과 석유에서 나오는 이산화탄소, 식용으로 길러지는 가축이 발생시키는 메탄 등이 대기에 스며들었습니다. 그 결과 지구 온도가 1도나 올랐습니다.

이 과정은 너무도 투명해서 해법도 간단해요. 당장 화석 연료를 쓰는 공장과 대규모 가축 농장이 문을 닫으면 돼요. 불가능할까요? 현대 자본주의는 과잉 생산-과잉 소비로 돌아갑니다. 먹고살려고 생산하는 게 아니라 돈을 벌려고 자꾸 만들어요. 심지어 폐기하는 데도 돈을 씁니다. 그 과정에서 어마어마한 양의 탄소가 소모돼요. 그래서 이미 50년 전에 이러다가는 한계에 부닥칠 거라는 경고가 있었습니다. 다른 사람도 아니고 유럽의 자본가가 주도해서 만든 경영자·학자·교육자 모임인 '로마 클럽'의 주장이에요.

1972년 그들이 제출한 보고서는 『성장의 한계』라는 책으로 출간되어 세계적으로 수천만 부가 팔리면서 큰 반향을 불러일으켰습니다. 미래에는 자원 고갈과 환경 파괴로 더 이상 성장할 수 없을 거라는 비관적인 내용이었어요. MIT 공대와 협력해서 컴퓨터로 시뮬레이션한 결과였습니다. 당시 세계는 제2차 세계 대전 이후 냉전 시기를 거치면서 경쟁적으로 성장과 개발을 외치던 때였습니다. 우리나라가 특히 그랬죠. 경제 성장이 최우선이었습니다. 지구 곳곳에 핵 발전소가 들어서던 시절이었습니다.

출간 당시 정치인이나 경제학자들은 이 책을 무척 싫어했어요. 자본주의는 성장을 멈추면 안 되는 체제예요. 그런데 '성장의 한계'라니요. 경제학자들은 국내 총생산(GDP)이 해마다 3~4%씩은 성장해야 정상적인 삶이 유지된다고 해요. 그래야 공장도 돌아가고 임금도 올라가고 소비도 촉진된다고 보는 거죠. 이게 무슨 뜻이냐 하면 23년 뒤에는 경제 규모가 두 배가 되어야 한다는 거예요. 이 보고서가 나온 지 50년이 된 지금 실제로 당시보다 세계 경제 규모는 네 배가 되었습니다. 그러니 그동안 얼마나 많은 온실가스가 발생했을까요? 뒤늦게 정신을 차린 사람들이 당시의 경고에 귀 기울이기 시작합니다. 최근 연구에 의하면 그때 예측했던 것보다 상황이 더 안 좋다고 해요.

우리나라의 총 온실가스 배출량의 절반은 상위 10개 기업이 차지합니다. 텀블러와 에코백 사용으로는 한계가 있어요. 여기에는 제철, 반도체는 물론 금융도 포함됩니다. '공장도 없는 금융이 웬 온실가스?' 하시겠지만, 요즘 금융은 온라인 전자 시스템으로 이루어집니다. 이걸 떠받치는 시스템인 데이터 센터를 구축하는 데 상당한 에너지가 소모돼요.

기후 위기의 정치학

기후 위기의 큰 특징 중 하나는 '불확실성'입니다. 언제 어떻게 어떤 일이 벌어질지 몰라요. 가스, 석탄, 석유 등의 화석 연료 연소와 기온 상승이 비례 관계에 있다는 것은 확실하지만 몇 도가 상승할지는 모릅니다. 기후학자들의 모델링도 한계가 있어요. 지구 온도가 상승하면서 부수적 작용들이 생기거든요. 남극, 북극 얼음이 녹는다든지 시베리아 영구 동토층이 녹아 메탄이 방출된다든지, 아마존과 캘리포니아의 산림에서 일어나는 잦은 화재로 탄소를 흡수하는 게 아니라 오히려 배출한다든지, 이런 변수들이 충분히 포함되어 있지 않아요. 그래서 보수적으로 잡습니다. 말하자면 몇 년이 더 늦죠. 그래서 과학자들은 몇 %의 확률로 몇 도에서 몇 도 상승, 그런 식으로 표현합니다.

티핑 포인트를 넘어섰을 때 해수면이 얼마나 상승할지, 바람은 어떻게 변하고 강수량에 어떤 영향을 미칠지 정확하게 알 수는 없지만 이런 변화는 빈곤을 양산하거나 분쟁, 난민을 유발할 겁니다. 인과 관계도 분명하고, 경향도 확실하지요. 한 해마다 새로 생겨나는 '기후 난민'이 2500만 명 정도라고 합니다. 해수면 상승이나 폭풍, 가뭄 등의 이유로 삶터를 잃는 분들이에요. 그런데 '기후 난민'은 국제적으로 공인된 개념이 아닙니다. 그랬다가는 투발루, 시리아 난민들을 다른 나라에서 의무적으로 받아 줘야 해요. 국제법적인 효력을 갖게 되니까요.

정치인들은 자기 임기인 4~5년 안에 효과가 나오는 정책을 선호합니다. 그런 사람들에게 2030년, 2050년을 목표로 한 계획은 '나 몰라라'입니다. 기후 위기가 얼마나 심각한지 지금 우리가 해야 할 일은 무엇인지 관심이 없어요. 언론도 그렇습니다. 태풍이 지나가고 폭우가 쏟아지면 피해 상황 보도하느라 정신없어요. 그 원인인 기후 위기에 대한 진지한 성찰을 찾아보기 힘듭니다.

기후 위기는 환경의 문제이자 화학의 문제이고 정치학의 문제이면서 심리학의 문제입니다. 1920년대부터 2020년까지 온실가스 배출량 추이를 보면 상당히 많이 감소한 해도 있었어요. 미국 대공황 때 13%. 제2차 세계 대전 때 7%, 70년대 석유 파동 때 4%,

소련 연방 붕괴 때 2%, 금융 위기 때 1%가 줄었어요. 이번 코로나 19 사태로 5~10% 줄 거로 전망합니다. 성장이 멈추거나 둔화되면 온실가스도 줄어듭니다. 그러니까 알면서도 실천을 못 하는 것뿐이에요.

계속해서 고도성장을 하던 우리나라가 의미 있게 온실가스 배출이 줄었던 적이 딱 한 번 있습니다. 바로 IMF 사태 때인 1998년도입니다. 기업들이 줄줄이 도산하고 신용 불량자와 노숙자가 속출하던 시절이었습니다. 당시 경제 성장률이 -5.1%였어요. 그때 온실가스 배출량이 14% 줄었어요.

이런 식의 경기 위축이나 마술 같은 기술이 개발되지 않는 한 온실가스 배출을 의미 있게 줄이기는 어렵습니다. 사정이 이렇다 보니 청소년들이 나선 거예요. 과학적인 진실들은 차고 넘치는데 왜 기성세대, 특히 정부와 사회는 아무것도 안 하는가? 툰베리가 외치고 전 세계 청소년들이 호응했습니다.

지금까지 기후 위기의 심각성에 대해 살펴보았어요. 그럼 이러한 기후 위기 시대에 노동은 무엇인가? 하는 말씀을 드려야 할 텐데요. 조지 오웰에서 시작하도록 하지요.

조지 오웰은 『동물농장』, 『1984』 같은 작품을 쓴 작가입니다. 많은 분이 알고 있을 텐데요. 특히 『위건 부두로 가는 길』은 이분이 직접 영국의 탄광 노동자로 일한 경험을 담은 작품이에요. 열악한 노동 현장에서 노동자들이 착취당하는 현장을 적나라하게 보여 줍니다.

'착취'는 영어로 'exploit'로 적는데 '쥐어짠다'는 뜻이에요. 남은 치약을 짜내듯 하는 겁니다. 그런데 자본주의 역사는 노동자 착취만으로 이루어지지 않습니다. 특히 가축 착취는 어마어마해요. '공장형 사육'이 이때 시작됩니다. 예를 들어 사육장에서 닭 한 마리에 할당된 면적은 A4 한 장에 해당합니다. 거기서 1년에 300개 넘는 알을 낳다 죽어요. 자연 상태의 닭은 그만큼 알을 많이 낳지 못합니다. 옛날 토종닭은 180개 정도 낳았어요. 인위적으로 품종을 개량하고 사료 등을 통해 '생산성'을 늘린 거예요.

여기서 끝이 아닙니다. 산란계, 즉 알 낳는 닭은 어느 시점이 되면 산란율이 떨어집니다. 지치는 거죠. 이때 '강제 환우'라는 게 있습니다. 암탉을 어두운 곳에 넣고 물과 사료 일체를 안 먹이고 일주일 이상을 둡니다. 그러면 털갈이를 하고 이후에 알을 다시 낳아요. 끝까지 '쥐어짜는' 겁니다. 2020년 우리나라에서는 전면 금지되었어요.

자본주의의 역사는 이렇듯 사람과 자연을 쥐어짜면서 유지되어 옵니다. 미래를 생각하지 않고 어떻게든 되겠지 하면서 여기까지 온 거예요. 성장의 한계에 부딪힌 건 어쩌면 너무도 당연한 일입니다.

여러분, 노동이 뭡니까? 가치를 생산합니다. 사회적 차원에서 물건이나 서비스를 만들어 내면서, 개인적 측면에서는 먹고사는 일이 됩니다. 그 안에서 사회적 교류를 하고 즐거움도 찾는 게 바로 노동인데, 오로지 이윤을 위해 쥐어짜면서 지금의 형태를 띠게 된 거예요. 먹고살려면 어쩔 수 없이 해야 하는 일이 되었습니다. 그런데 이제 그 양상이 달라졌어요. 기후 위기, 극단적 기상 이상이 노동 현실로 들어옵니다.

야외에서 일하는 분들에게 폭염, 한파 같은 기상 이변이 찾아옵니다. 배달 노동자라든지 건설 노동자, 청소 노동자들이 이런 기상 이변에 노출되었어요. 예를 들어 에어컨은커녕 창문도 없는 데서 일하다 돌아가시는 일까지 발생했어요. 농사를 짓는 분들은 말할 것도 없습니다. 생계에 직접적인 타격을 입고 있지요.

그동안은 환경과 경제, 환경과 일자리를 따로 따로 생각해 왔습니다. 그래서 "먹고살기 힘든 데 무슨 환경 타령이야!" 하는 말이 나왔죠. 개발 도상국인 우리나라가 선진국들이나 하는 걱정을 할 때냐는 말도 들었습니다. 하지만 기후 위기는 돈 많은 사람, 가난한 사람, 선진국과 후진국을 가리지 않아요. 외려 가난한 사람과 가난한 나라에 더 치명적입니다.

2006년 '스턴 보고서'가 큰 관심을 불러일으켰습니다. 영국 재무부가 경제학자 니콜라스 스턴에 의뢰해 작성한 보고서예요. 보고서는 기후 위기 대응 없이는 대공황에 버금가는 경제적인 타격이 올 거로 전망합니다. 최근에는 이 보고서가 예측했던 것보다 기후변화 지표가 더 안 좋아지면서 또 한번 주목받고 있어요.

기후 위기는 이미 노동의 판도를 바꾸고 있습니다. 앞으로 이런 경향은 더욱 심해질 거예요. 우선 작업 환경이 바뀝니다. 화석 에너지로 전기를 생산하거나 석유를 쓰는 내연 기관 자동차같이 탄소 배출이 많은 산업은 당연히 이를 줄이는 방향으로 생산 방식을 바꿀 거예요. 그다음으로, 생산하는 상품도 바뀌죠.

기후 위기에 대한 경각심이 높아지면서 소비자들이 친환경 제품을 찾습니다. 기업들은 이런 흐름에 맞출 수밖에 없습니다. 광고가 바뀌고 있어요. '탄소 발자국'을 줄이고 온실가스를 배출하지 않기 위해 노력한다는 메시지를 내놓고 있습니다. 기업들이 노력을 안 하는 건 아니지만 과장인 경우가 많습니다. 그만큼 기업도 다급한 겁니다. 기존 제품에 '녹색 분칠'이라도 해서 내놔야 하는 상황이 되어 버렸어요.

'정의로운 전환'은 가능한가?

여러분, '파타고니아'라는 아웃도어 브랜드가 있습니다. 질기고 유행을 안 탄다는 브랜드 이미지를 갖고 있는데요. 몇 년 전에 파타고니아 홍보 담당의 프레젠테이션을 들은 적이 있습니다. 그 내용이 환경 보호를 위해 섬유 자체를 입었던 옷에서 뽑아서 쓰는 방안을 연구하고 있다고 해요. 이윤 추구라는 한계를 인정한다고 하더라도 이런 변화는 무척 고무적이에요. 이런 기업들이 계속 성장한다는 건 사람들이 값이 조금 비싸더라도 이런 기업의 제품을 사겠다고 생각한다는 뜻이에요. 우리도 이런 변화에 맞추어 가야 합니다.

애플이나 구글처럼 RE100을 요구하는 기업과 거래하려면 우리도 그 기준을 따라야 합니다. 재생 에너지를 확보해야 한다는 뜻이에요. 세계 시장과 기업 경영의 근간이 이렇게 바뀌고 있어요. 저항도 있겠지만 이 흐름을 바꾸지는 못합니다. 전 미국 대통령인 트럼프가 기후 위기 자체를 인정 안 한다면서 파리 협정에서 탈퇴했죠. 그는 화석 연료를 쓰는 기업을 계속해서 지원하고 싶었을 겁니다. 그런데 정작 기업은 시큰둥했어요. 재생 에너지 사업이 오히려 블루오션인 지금의 경제적 상황을 트럼프만 몰랐던 거예요.

핵 발전도 마찬가지입니다. 세계 시장에서 핵은 이제 돈이 안 되는 사업입니다. 아무리 원전 산업을 키운다고 해도 시장 자체가 작아져서 만들어서 팔 데가 없어요. 제아무리 신기술 어쩌고 해도 핵은 이제 수지타산이 안 맞는 사업이 되었습니다. 이건 환경주의자의 논리가 아니에요. 자본가들 스스로 그렇게 생각하고 있습니다. 자본주의라는 게 양면성이 있잖아요.

이윤이 중요하다고는 하지만 시장 자체를 깨진 못해요. 그랬다가는 공멸한다는 걸 알기 때문입니다. 기업은 '두 개의 손'이 있습니다. 시장에서 돈을 벌려고 움직이는 손이 있고 그 시장을 유지하려는 손이 또 있어요. 기후 위기는 재벌 총수들마저 시장의 존립을 걱정해야 하는 상황까지 왔습니다.

앞으로 국제 경제와 시장이 어떻게 변할지는 자명합니다. 석탄, 가스, 석유, 핵, 내연 기관 자동차는 사양길이에요. 재생 에너지나 에너지 효율 관련 시장은 급속히 커지겠죠. 그런 와중에 녹색 산업이 발전하고 화석 연료를 쓰던 회색 산업이 녹색화되는 등 다양한 변화가 일어날 겁니다. 이런 환경에서 노동자의 삶은 어떻게 바뀔까요?

자본주의 사회에서 노동자는 모순적인 존재입니다. 자본주의에 의해 쥐어짜지면서도, 그 시스템 바깥에서는 살아갈 방법이 없어

<귀가하는 노동자들>, 에드바르 뭉크, 1915년.

"녹색 산업이 발전하고 화석 연료를 쓰던 회색 산업이
녹색화되는 등 다양한 변화가 일어날 겁니다.
이런 환경에서 노동자의 삶은 어떻게 바뀔까요?"

요. 한편 기업은 계속 이윤을 내야 해요. 그러려면 생산을 계속해야 합니다. 과잉 생산물을 폐기하는 한이 있더라도 말이에요. 거기에 일조하지 않으면 노동자 앞으로 떨어지는 몫도 없어요. 이런 상황에서 노동자는 어떤 선택을 할 수 있을까요?

이때 등장한 개념이 바로 '정의로운 전환(just transition)'입니다. 최초로 이 아이디어를 내놓은 사람은 미국의 노동운동가 토니 마조치입니다. 여러모로 선구적인 활동을 하신 분인데 제2차 세계 대전 때 소년병으로 유럽 전선에 갔던 경험이 있죠. 이후 뉴욕의 화장품 공장에서 노동조합 일을 시작했는데 보니까 문제가 많아요. 유해 물질이 사용되어 노동자는 물론 소비자도 피해를 보게 생겼어요. 이분은 이러한 '독성 경제'를 바꾸어야 한다고 주장했어요. 레이첼 카슨의 『침묵의 봄』을 감명 깊게 읽고 지구의 날 캠페인을 시작하기도 했습니다.

이분이 석유 화학 원자력 노동조합의 정책 담당자가 되었을 때였습니다. 1970년대였는데 당시 평화 군축 운동이 일어나고 있었습니다. 그런데 이때 딜레마가 생긴 거예요. 핵무기를 줄이면 자신의 동료들이 일자리를 잃잖아요. 해법이 필요했습니다. 마조치는 자신의 경험을 돌아보아요. 제2차 세계 대전 직후 제대 군인으로 고향에 돌아왔을 때를 생각합니다. 이때 일자리도 없고, 기술도 없던 제대 군인을 위해 연방 정부가 '원호법'을 만들었어요. 5년 동안 학비를 대주면서 취업 훈련을 해줘요. 자신도 그 덕분에 대학을 다닐 수 있었던 거예요. 그러면서 공황이나 전쟁처럼 비상한 시기에는 대규모 공공 프로그램의 필요함을 절감합니다.

그는 1980년대 후반에 환경 운동가와 과학자, 노동 운동가 등과 교류하면서 이러한 생각을 구체화했고 그 결과 '정의로운 전환'이라는 개념을 제안해요. 녹색 일자리 창출을 위해 공적 기금 마련과 노동자가 참여하는 노사-정부 공동 프로그램을 가동하라는 겁니다. 그의 제안을 캐나다 노총(CLC)이 채택하고 마침내 국제 노총(ITUC)의 정책이 돼요. 2015년 파리 협정 시에는 '정의로운 전환' 원칙에 따라 '양질의 녹색 일자리가 보장돼야 한다'는 문구로 들어가요. 이로써 노동자는 기후 위기 대응에서 자본에게 끌려다니는 형편에서 벗어날 실마리를 찾을 수 있게 됩니다. 녹색 경제가 활성화되면 오히려 더 좋은 일자리를 가질 수 있고 지역 사회도 더 행복할 수 있다는 논리가 생겼죠.

화석 연료를 줄이려는 노력에 따라 전기 차가 등장하고 태양광·풍력이 떠오릅니다. 이 과정에서 전통 산업에 종사하던 노동자들의 생계가 위협받는 건 어쩌면 필연입니다. 남의 이야기 같지만, 누구든 여기에 속할 수 있어요. 내 가족, 친구들이 피해를 볼 수 있습니다. 이때 산업 전환에 대한 대비책이 잘 설계되고, 조율되지 않으면 희생이나 반발을 불러오겠죠.

1970년대 초 호주 시드니 근교에 재개발 사업이 추진될 때 일입니다. 이 지역 환경 단체들이 반발했어요. 건설 노조를 찾아가 도움을 요청합니다. 시드니 같은 유서 깊은 도시의 건물과 공원 같은 공공장소가 사라지고 사람들이 쫓겨날 거라고 생각한 거예요. 어디나 개발 논리는 비슷한가 봅니다. 당시 건설 노동조합은 잭 먼데이 (Jack Munday)라는 사람이 이끌고 있었는데요. 이분이 이야기를 들어보니 그럴듯해요. 그래서 다음과 같이 말합니다.

지금 호주에는 공공 도서관, 양로원, 어린이집 등 필요한 시설이 많다. 그런데 지금 정부는 이런 건물을 짓는 게 아니라 일부 건설업자의 이윤을 위해서 지역을 희생시키려고 한다. 우리는 단호히 이러한 정책에 반대하겠다. 이러면서 '그린 밴(green ban)' 운동을 벌여요. 노동조합원들이 자연환경 및 역사적 유적을 개발로부터 보호한다며 철거 현장을 봉쇄합니다.

당시 언론에서 대서특필하고 시민들의 관심이 폭발합니다. 개발사들은 어떤 반응을 보였을까요? 우리나라 같았으면 공권력을 동원하고 대체 노동 인력 투입해서 밀어붙이겠죠. '사유 재산'이니까요. 그런데 이쪽은 사정이 달랐어요. 때마침 개발 회사의 본사를 리

모델링하고 있던 건설사의 노조에서는 재개발을 밀어붙이면 리모델링을 전면 중단하겠다고 통보합니다. 노조의 실력 행사와 여론의 압박으로 개발 회사가 양보합니다. 재개발 공사는 중단되고 호주 의회는 '근·현대 유산 보존법'을 만들어요. 하지만 여기서 끝이 아니에요. 보복이 잇따릅니다. 나중에 사건을 주도한 잭 먼데이 등이 해고를 당해요. 하지만 이러한 저항은 호주 노동계의 전통이 됩니다. 1980년대 철도, 부두하역 노동자 등의 우라늄 운송 저지 투쟁이 그랬어요. 모두 노동자가 고용주의 이익에 맞춰 끌려다니는게 아니라 자기 판단에 따라 적극적인 거부 운동을 한 사례입니다.

예전에 잭 먼데이가 용산 참사 유족들에게 자필 편지를 보낸 적이 있다고 해요. 건설 자본의 탐욕이 빚어낸 비극은 어디에나 있다. 힘내시라. 이런 내용이 적혀 있었다고 합니다. 용산 참사를 다룬 〈두 개의 문〉 다큐멘터리 영화 상영회가 시드니에서 열렸을 때, 당시 호주 건설 노조가 참여한 적도 있고요. 국제적 연대가 있었던 거예요.

우리가 살펴볼 또 하나의 흥미로운 사례가 있습니다. 1970년대에 영국에서 있었던 '루카스 플랜(Lucas Plan)'인데요. 루카스항공사는 군수 무기를 전문으로 만드는 회사예요. 전투기 부품, 잠수함 엔진 이런 걸 만들었는데 어느 날 400~500명의 인원을 정리 해고하겠다고 했습니다. 보통 이럴 경우 노동자들은 어떻게 대응합니까? 머리에 띠를 두르고 현수막을 내걸면서 파업을 조직합니다. 그런데 루카스항공사 노동자들의 투쟁 방식은 달랐어요. 여기에는 몇 가지 이유가 있습니다. 이전에 조선소와 자동차 공장에서 파업이 있었는데 실패했어요. 평소처럼 했다가는 또 실패하겠다는 생각이 있었고, 또 하나, 루카스항공사에는 전문 기술직 노동자들이 많았어요. 유체 역학, 컴퓨터 제어 등을 전문으로 하는 분들이에요. 여기서 잉여 인력이 발생한 이유는 나토의 군수 무기 수요가 줄었기 때문이었습니다. 노동조합에서 공장 안팎으로 설문을 돌렸어요. 군수 무기 말고 만들 수 있는 게 뭐가 있을까? 그러자 수많은 아이디어가 접수돼요.

바퀴로 지상을 달리다가 레일로 올라서는, 마치 트랜스포머 같은 버스가 있었고요. 이건 시운전까지 해봤어요. 태양광·풍력 기초 모듈과 인공 신장 투석기, 장애인의 손놀림을 보조할 수 있는 장치, 열에너지를 옮기는 히트 펌프(heat pump)….

사람들은 생각했죠. '우와, 괜찮은데? 심지어 잘 팔리겠는데?' '이렇게 필요한 물건들이 왜 그동안 개발이 안 됐지?' 아마도 사람을 죽이는 무기만큼 이윤이 보장이 안 되었기 때문이겠죠. 이에 이 공장에서 일하던 마이클 쿨리라는 노동자가 말해요. 우리에게 초

음속 여객기를 생산할 정도로 최첨단 기술이 있는데, 지난겨울 가장 간단한 수준의 난방기 보급이 안 되어서 런던에서만 몇백 명이 얼어 죽었다. 이게 말이 되느냐고 말이에요. '사회적으로 유용한 생산(socially useful production)'이 필요하다고 역설합니다. 반응이 뜨거웠죠. 150가지 정도의 제품이 1000페이지가 넘는 책자로 정리가 됩니다. 이게 '루카스 플랜'입니다.

조합원들은 이를 근거로 사측을 압박해요. 군수 무기 말고도 만들 제품이 이렇게나 많은데, 굳이 정리 해고가 필요한가? 회사 쪽에서야 경영 간섭이라면서 교섭 자체를 거부했지만, 명분이 없었습니다. 어쨌든 정리 해고는 막을 수 있었어요. 다만, 마이크 쿨리 등 이 운동을 전개한 핵심 노동자들은 해고됐죠. 그런데 해고 사유가 뭔지 아세요? '노동자가 사회적인 것에 관심을 너무 많이 쏟는다'였습니다. 그래도 루카스 플랜은 역사가 되었어요. 몇 년 전 루카스 플랜 40주년을 맞아서 영국 전역에서 기념행사가 있었습니다. 세미나와 심포지엄도 열렸죠. 기후 위기 시대를 맞아 새롭게 루카스 플랜의 진보성이 조명받았지요.

정의로운 전환을 위한 목소리

2015년 맺어진 기후 협약인 파리 협정은 충분하지는 않지만 대안을 담고 있어요. 세계 산업계도 여기에 맞추어 전환을 거듭하고 있습니다. 조선업과 에너지 산업 사례를 살펴보도록 하지요.

아일랜드 벨파스트 지역에는 유서 깊은 조선소인 하랜드-울프(Harland and Wolff)사가 있습니다. 100년 전에 타이태닉호를 만들었던 곳인데 수지 타산이 안 맞자 2003년 조선 사업에서 철수합니다. 대신 재생 에너지 사업의 일환으로 해상 풍력 터빈 제작을 하기 시작하죠. 터빈 제작은 골리앗 크레인 등 설비와 특수 용접, 도장 등 공정이 배 만들 때와 비슷해요. 아쉽게도 2019년 회사가 문을 닫고 새 주인을 맞지만, 당시에는 성공적인 사업 전환이었던 것으로 평가받고 있습니다. 이처럼 북유럽에서는 석유 등을 채굴하던 시설을 재생 에너지 산업에 편입시키는 경우가 많아요.

또 이런 사례도 있습니다. 1996년 미국의 자동차 회사인 제너럴 모터스(GM)에서 EV-1이라는 전기 차 개발에 들어갑니다. 몇 해 전 캘리포니아 의회에서 자동차 메이커들의 무공해 차 판매를 의무화하는 법안을 통과시킨 것이 배경으로 작용했죠. 어쨌든 세계 최초로 전기 차 양산에 들어갔고 유명 배우들에게 시제품을 시승시키는 등 홍보도 적극적으로 했습니다. 반응도 좋았어요. 그런데 갑자기 전량 리콜하고는 폐차 처분을 합니다. 전기 차 사업을 아예 취소했어요. 왜 이런 일이 생긴 걸까요?

당시 제너럴 모터스에서는 배터리 기술이 부족하다는 등의 이유를 댔지만, 사실은 위기를 느낀 석유 자본의 압력을 받았다는 게 정설입니다. 노동조합도 이런 회사의 조치에 별다른 반응을 보이지 않아요. '우리 월급만 건드리지 않으면 뭘 생산해도 상관없어.' 하는 태도였죠. 그 결과는 어때요? 이후 제너럴 모터스는 에스유브이(SUV)에 주력하다가 실패했어요. 그 회사뿐만 아니라 디트로이트 지역 자동차 회사가 거의 다 파산해요. 침묵한 노동조합도 타격을 받기는 마찬가지였습니다. 이제 기름 많이 먹는 전통적인 내연 기관 자동차는 설 자리가 없어요.

독일의 금속노조는 이처럼 산업 전환기에 위협받는 일자리 상황을 꼼꼼하게 조사해서 '전환 지도'를 만듭니다. 어떤 건 직무 훈련을 하고, 어떤 건 단체 교섭을 하고, 아니면 직무를 바꾸고, 여러 대안을 만들었습니다만 결론은 '그래도 일자리는 줄어든다'였어요. 내연 기관 자동차 생산을 중단했을 때 관련 일자리가 줄어들죠. 그러면 재생 에너지 쪽이 느니까 그쪽으로 이직하면 되지 않느냐고 생각하기 쉽지만, 현실적으로 어렵습니다. 노동자와 지역 공동체는 레고 블록처럼 여기서 빼서 저기 끼우고 할 수 없어요.

우리나라도 재생 에너지 잠재력이 있는 데가 꽤 있어요. 군산, 신안 앞바다 쪽이나 울산, 경주 앞바다 쪽은 바람이 굉장히 많이 불어요. 해상 풍력 발전에 적합하죠. 그런데 조선업이 몰려 있고 경기가 안 좋은 지역은 거제, 통영 이런 곳이잖아요. 만약에 조선업에 있는 노동자를 그쪽 신재생 에너지 지역에서 고용한다고 해도, 한계가 있습니다. 문제는 그곳에 형성된 지역 공동체입니다. 아이들이 학교에 다녀야죠. 학생들과 지역 노동자들을 상대로 장사하는 곳도 있죠. 이런 교육·상권 등은 옮길 수가 없어요.

일자리 총량이 줄어들 가능성도 여전합니다. 전기 차는 지금의 가솔린·디젤 차보다 들어가는 부품이 40% 정도 적습니다. 엔진, 변속기, 배기가스 장치, 이런 게 없잖아요. 부품이 적다는 건 그만큼 공정이 단순하고 일자리가 적다는 거죠. 지금 자동차 산업은 원청 기업뿐만 아니라 2차·3차 하청 업체들과 연관되어 있어요. 이런 곳은 소규모라 그 피해를 충분히 알기 어렵습니다. 하청 업체 노동자들은 말 그대로 하청을 받습니다. 자신들이 만든 부품이 어디에 쓰일지 결정할 수 없어요. 내연 기관 퇴출과 함께 일자리를 잃을 가능성이 많은 거예요.

우리나라 금속노조 현대차 지부 · 기아차 지부의 연구(2019)에 따르면, 전기 차 생산 비중이 확대되면 2886개의 부품업체가 부정적 영향을 받을 것으로 예상합니다. 1만여 개의 자동차 부품업체 중 28%에 해당하는 수예요. 더 큰 문제는 이런 곳이 오히려 대응 자원이나 역량이 미약한 상태라는 것입니다. 이처럼 기후 위기는 영세 업체의 노동자들에 더 큰 영향을 미칠 수 있습니다.

다음은 의료 보건 산업 쪽인데요. 먼저 미국입니다. 2012년 허리케인 샌디가 뉴욕을 강타하면서 단전과 단수 사태가 발생했습니다. 이때 병원 노동자들이 복구 및 부상자 응급 치료에 참여하면서 기후 위기를 인식하게 되었죠. 알다시피 미국은 공공 의료가 매우 취약합니다. 그래서 재해가 발생했을 때 빈곤 계층이 더 큰 타격을 받아요. 이에 보건 노동자들이 나서서 기후 위기 대응 예산 편성과 법 제정 및 강화 등을 정치권에 요구하는 일이 많아졌어요.

영국의 최대 노조인 공공 서비스 노조(UNISON)는 기후 위기 대응에 매우 적극적입니다. 경찰관, 소방관, 사회 복지 노동자, 환경미화원 등이 여기에 가입해 있어요. 소방관 같으면 기후 위기로 큰 불이 나는 일이 빈번해지니 더 많은 인력과 장비가 필요하겠죠. 당연히 예산 등 대책을 요구할 수밖에 없습니다. 사회 복지 노동자도 그렇지요. 복지의 사각지대가 보이는 거예요, 시민과 직접 만나다 보니 정부 정책의 문제점을 잘 짚을 수 있었던 거예요. 이처럼 세계의 노동자들이 기후 위기와 이에 따른 산업 구조 변화 등에 적극적으로 목소리를 내고 있어요.

우리나라도 같은 고민을 하고 있어요. 강원도의 태백, 정선, 사북, 고한, 삼척 지역은 탄광이 많은 곳입니다. 일제 강점기부터 개발되기 시작했지요. 그러다 석탄 수요가 많아지면서 노동자들이 많이 모여들었습니다. 일이 힘들고 위험해서 '막장 인생'이라고는 했지만 그래도 목돈을 쥘 수 있는 일자리였어요. 그러다 1980년대에 전국에 도시가스가 보급이 되기 시작합니다. 연탄 수요가 줄기 시작하지요. 가정은 물론 식당에서도 연탄을 안 쓰면서 탄광은 사양 산업이 됩니다. 정부 정책도 '주탄 종유'에서 '주유 종탄' 즉, 석유 중심으로 바뀌지요. 이에 '석탄 산업 합리화'라는 이름으로 '부실 탄광'을 정리하면서 많은 노동자가 탄광 일을 그만두고 뿔뿔이 흩어졌습니다.

불가피한 일이기는 했지만, 문제는 그 속도였습니다. 갑자기 정리하다 보니 '우량 탄광'도 흔들리면서 지역 경제가 충격을 받았습니다. 당시 거의 모든 일자리와 경제 활동이 탄광에 의지했습니다. 석탄 산업이 사양길에 접어든 지금은 인구가 절반 가까이 줄었어요.

당시 노동조합 활동가들과 지역 종교인들이 대안을 논의했습니

<석탄을 내리는 사람들>, 클로드 모네, 1875년.

"석탄 수요가 많아지면서 노동자들이 많이 모여들었습니다.
일이 힘들고 위험해서 '막장 인생'이라고는 했지만 그래도
목돈을 쥘 수 있는 일자리였어요. 그러다 연탄 수요가 줄기
시작하지요. 가정은 물론 식당에서도 연탄을 안 쓰면서
탄광은 사양 산업이 됩니다."

다. 대체 산업 유치를 논의하다가 리조트와 카지노를 택했습니다. 그런데 내국인 카지노를 허가받고 운영하려면 특별법이 필요했어요. 게다가 1등급 산림도 개발해야 했지요. 당연히 환경 단체 쪽 반응은 싸늘했어요. 천혜의 숲을 훼손하면서까지 꼭 도박 산업을 유치해야겠느냐는 거예요. 다행히 협의가 잘 되어서 환경 파괴를 최소화하는 쪽으로 가닥이 잡혔는데 이번에는 다른 문제와 직면합니다. 지역 간에도 이해관계가 달라서 다툼이 일어나요. 카지노를 어디에 설치할지를 두고 지역들이 충돌합니다. 리조트와 카지노 유치는 폐광 지역의 경제를 살리는 데는 성공하지만, 지역 여론이 그다지 좋지는 않습니다. 도박 중독자가 생기고 고용 불안은 여전해요. 리조트와 카지노가 고용을 얼마나 창출할 수 있었겠어요?

그래서 당시 카지노 유치에 나섰던 분들이 후회합니다. 아무리 사정이 급했다 해도 카지노 말고 다른 대안을 생각해야 했다고 말이에요. 당시는 '정의로운 전환' 같은 개념이 없었습니다. 당장 지역 공동체를 살리는 게 급선무였지요. 환경 운동이나 시민 사회의 역량도 부족했습니다. 기후 위기와 이와 관련한 산업 전환 요구 속에서 이런 경우들이 더 많이 생기겠죠. 우리가 반면교사로 삼아야 하지 않을까 싶어요.

지역적으로 보면, 석탄 화력 발전, 제철, 석유 화학, 조선, 가스 발전, 탄광 등이 밀집한 지역 즉, 당진, 보령, 태안, 거제, 울산 동구 등이 산업 전환에 가장 취약합니다. 상대적으로 이런 산업 시설이 별로 없는 수도권이 안전하고요. 역설적으로 취약한 지역에서 만든 에너지로 편하게 생활하는 지역이 가장 안전한 거예요. 이 자체가 '기후 불평등'이자 '부정의(不正義)'죠.

실제로 석탄 화력 발전소가 밀집한 지역의 전력 자립도가 250%가 넘습니다. 그럼 남아도는 전기는 어디로 갈까요? 수도권으로 갑니다. 그런데 만약 이 석탄 화력 발전이 가스 발전으로 바뀌면 어떻게 될까요? 아마도 전기 생산량은 비슷할 겁니다. 하지만 일자리는 줄어들어요. 석탄 화력 발전 과정을 보면 알 수 있습니다. 먼저 석탄을 하역해서 처리하는 직군이 있어요. 주로 협력 업체에서 하는 일입니다. 그런데 가스로 바뀌면 이런 일자리가 사라져요. 파이프만 있으면 되거든요. 석탄 화력 발전이 해상 풍력이나 태양광 등 재생 에너지로 대체된다면 어떻게 될까요? 아마도 전기 생산량은 기존보다 덜하겠지만 어쨌든 쓸 만한 양의 전기를 생산할 수 있을 거예요. 그러면 일자리는 어떻게 될까요? 일단 기존 시설이 폐쇄되면서 관련 일자리가 없어지겠죠. 이 지역에서 장사하는 가게들도 문을 닫습니다. 해당 지자체의 세수가 줄어들면서 지역 살림이 크게 타격을 받습니다.

그런 일이 벌어지기 전에 미리 손을 써야 해요. 지금 석탄 화력에 의존하는 산업에 종사하는 분들뿐만 아니라 그 지역 경제를 책임진 사람들이 함께 대안을 모색해야 해요. 흔한 말로 '국가와 사회가 나서야' 할 일인 거죠.

기후 위기에 대응하려면 지금과 같은 자본주의나 성장주의가 크게 바뀌어야 합니다. 이걸 노동자들만 할 수 있는 문제는 아니에요. 기업도 역할을 해야 합니다. 서로 타협하고 협력할 부분이 있는 거예요. 그러나 변화를 거부하거나 대놓고 나쁜 짓을 하는 기업은 당연히 강력하게 비판하고 저항해야 해요. 하지만 그것만으로 기후 위기가 나아지지 않습니다. 그들이 옳은 판단을 하게끔 압력을 행사하고 그런 기업들이 더 많아지도록 노력해야 해요.

『이것이 모든 것을 바꾼다』라는 책이 있습니다. 저널리스트이자 작가인 나오미 클라인이 지었는데요. 기후 위기와 자본주의의 문제를 다루고 있어요. 클라인은 에너지뿐만 아니라 경제, 정치, 문화, 라이프스타일 등 우리에게 익숙한 모든 걸 바꿔야 한다고 주장해요. 지금 우리가 사는 세상은 바람직하지 않아. 더 서로를 배려하고, 더 안정적이면서 더 행복한 세상은 가능해. 클라인은 그런 선택을 이야기하는 거예요.

부담스럽다고 피하면 안 바뀝니다. 질주의 시대에 익숙해진 나머지 주변을 살피지 못해서는 안 됩니다. 여기서 한 걸음 빠져나와야 합니다. 쳇바퀴에서 벗어나야 해요. 그래도 삶은 지속돼요. 다른 선택은 가능합니다. 우리는 기후 위기를 완화하면서 더 보람된 일과 더 많은 여가를 누리면서 서로를 돌보는 미래를 만들 수 있습니다. 새로운 기회 앞에 주저하지 않았으면 합니다.

인권으로 살펴본 기후 위기 이야기

제1판 제1쇄 발행일 2023년 5월 1일

글_ 최우리, 조천호, 한재각, 김해동, 지현영, 김현우
기획_ 인권연대, 책도둑(박정훈, 박정식, 김민호)
디자인_ 정하연
펴낸이_ 김은지
펴낸곳_ 철수와영희
등록번호_ 제319-2005-42호
주소_ 서울시 마포구 월드컵로 65, 302호(망원동, 양경회관)
전화_ 02) 332-0815
팩스_ 02) 6003-1958
전자우편_ chulsu815@hanmail.net

ISBN 979-11-88215-86-7 43300

철수와영희 출판사는 '어린이' 철수와 영희, '어른' 철수와 영희에게
도움 되는 책을 펴내기 위해 노력합니다.